FRIDERICI AVGVSTI III

Dieser Band erscheint mit freundlicher Unterstützung
der Ostdeutschen Sparkassenstiftung
im Freistaat Sachsen gemeinsam mit
der Kreissparkasse Meißen.

Heinrich Magirius

Klosterpark Altzella

Sachsens schönste Schlösser, Burgen und Gärten

Edition Leipzig

Aufrecht stehende Gebäude im Bereich des ehemaligen Klosters Altzella

1 Böttcherei
2 Pferdestall, früher Brauhaus
3 Schreiberei
4 Pächterhaus
5 Gesindehaus, in baulicher Einheit mit Pferdestall und Wagenschuppen
6 Kellerhaus
7 Konversenhaus
8 Mausoleum
9 Große Ziegelscheune
10 Ziegelmeisterwohnung
11 Fotomuseum und Werkstätten, ehemals Rinderstall
12 Geräteschuppen
13 Große Scheune
14 Fröhnerstall
15 Großer Schafstall
16 Schäferwohnhaus
17 Kleiner Schafstall
18 Obere Scheune
19 Reithalle
20 Wohnhaus
21 Gärtnerei

Zeichnung Büro Uwe Gerschler, Freiberg

Was man wissen sollte

Adresse Staatlicher Schlossbetrieb
Kloster Altzella, 01683 Nossen
Telefon: 03 52 42/5 04 30 oder 5 04 50
Fax: 03 52 42/5 04 33

Öffnungszeiten März bis September
Montag - Freitag 10–17 Uhr
Samstag/Sonntag/Feiertag 10–18 Uhr

Oktober bis November
Montag - Sonntag 10–16 Uhr
Dezember bis Februar geschlossen

Anfahrt Eisenbahnlinie: Dresden - Döbeln - Leipzig
Buslinie: von Dresden, Freital, Meißen, Freiberg, Waldheim
Autobahn: A 4 - Abfahrt Siebenlehn
A 14 - Abfahrt Nossen Ost oder Nossen Nord

Führungen nach Voranmeldung

Informationen Bücher, Postkarten, Plakate, Souvenirs

Veranstaltungen siehe Veranstaltungskalender
Konzerte, Sonderführungen

Fotografieren mit Genehmigung

Eintritt wird erhoben

Gastroservice Caféteria 16 Plätze im Innen- sowie 40 Plätze im Außenbereich, geöffnet zu den Öffnungszeiten des Klosters

Bildnachweis

Die Autoren der Pläne sind in den Bildunterschriften genannt. Wo kein Name genannt ist, gehen die Zeichnungen auf Jochen Helbig zurück.
Aus dem Fundus des Landesamtes für Denkmalpflege stammen die Bildvorlagen S. 20, 32 unten, 46, 48, 63, 73, 75, 76, 85 unten.
Fotograf Herbert Boswan, Dresden, trug folgende Vorlagen bei: S. 23, 24, 32 oben, 34, 35, 42, 50/51, 53, 55, 58, 59, 66, 84, 85 oben, 88, 89.
Alle anderen Fotos gehen auf Constantin Beyer in Weimar zurück.

Frontispiz: Reste der Westfassade der Klosterkirche und des Mausoleums von Westen

Die Deutsche Bibliothek – CIP Einheitsaufnahme
Ein Titeldatensatz für diese Publikation ist bei der Deutschen Bibliothek erhältlich.
ISBN 3-361-525-6

Umschlag, Layout: Atelier für grafische Gestaltung, Leipzig
Reproduktionen: Förster & Borries, Zwickau
Druck: Jütte Druck, Leipzig
Printed in Germany
Gedruckt auf alterungsbeständigem Papier mit chlorfrei gebleichtem Zellstoff.
Die Schreibweise folgt den Regeln der neuen Rechtschreibung.

Inhalt

Klostertor, Zustand 1995

Kloster Altzella – Lage und Erscheinungsbild

Obwohl inmitten des Freistaates Sachsen gelegen, wird der Klosterstandort Altzella vom Autofahrer, der die A 4 von Dresden in Richtung Chemnitz oder die A 14 von Dresden in Richtung Leipzig fährt, nicht wahrgenommen, es sei denn, er weiß, dass es sich bei dem Tal, das die A 4 zwischen den Abfahrten Siebenlehn und Berbersdorf inmitten des ausgedehnten Zellwaldes durchquert, um das Tal des Pietzschbaches handelt, an dessen Einmündung in die Freiberger Mulde das ehemalige Zisterzienserkloster liegt. Das Eisenbahnnetz des 19. Jahrhunderts, das den Tälern folgte, zeigt die zisterziensische Tallage des Klosters deutlich. Die Strecke Dresden – Meißen – Döbeln – Leipzig führt an der Freiberger Mulde

entlang und so dicht an der Klosteranlage vorbei, dass die alte Ringmauer des Klosters wegen dieser Streckenführung ein Stück zurückgesetzt werden musste. Die Nebenstrecke von Nossen nach Freiberg zweigte unmittelbar östlich des Klosters ab, um im Verlauf des Pietzschbaches die Hochfläche zwischen Freiberger Mulde und Großer Striegis zu erreichen. Außer der hohen, dunklen Klostermauer nimmt der Bahnreisende die Baumkronen eines Parkes wahr, vielleicht auch noch einige Giebel von ehemaligen Kornhäusern des Klosters. Die Würde der Stätte wird nur dem bewusst, der vor dem gestuften romanischen Rundbogenportal der Anlage steht. Es ist halb in der Erde versunken und dennoch oder gerade deshalb von archaischer Monumentalität. Folgt man dann dem Weg, der einst unmittelbar zur Westfassade der Klosterkirche führte, drängt sich einem die Banalität eines aufgelassenen

Konversenhaus vom Südwesten

Landwirtschaftsbetriebes mit wenig ansehnlichen Bauten aus unterschiedlichen Zeiten auf. Statt enttäuscht den Rückweg anzutreten, sollte der Besucher das sich inmitten eines Hofes erhebende, mit einem Uhrtürmchen versehene schmucke »Schreiberhaus« ansteuern, wo er zur Besichtigung des im östlichen Teil des Geländes liegenden Klosterparkes empfangen wird. Wie ein Riegel schirmt das Konversenhaus mit seinem steilen Schieferdach dieses romantische Parkgelände von dem ehemaligen Wirtschaftsbereich ab. Auch der bauhistorisch wenig Interessierte wird hier von den Stimmungsbildern, die der Gartengestalter der Empfindsamkeit mit den mittelalterlichen Ruinenresten zu erzeugen wusste, berührt werden. Die Natur - so die Botschaft dieses Ortes - erobert sich schließlich das einst von Menschen Gestaltete und hinterlässt im Betrachter ein Gefühl für Würde und zugleich Vergänglichkeit alles Menschenwerkes. Deutlicher wird

Reste der Westfassade der Klosterkirche und das Mausoleum vom Westen

die Erinnerung an Geschichte und Kunstgeschichte nur im planierten Bereich der ehemaligen Klosterkirche, deren Grundriss markiert worden ist. Über dem Chorhaupt derselben erhebt sich das klassizistische Mausoleum, das mit seiner Marmortumba und den hier aufgestellten mittelalterlichen Grabplatten an die Stifterfamilie des Klosters, die Wettiner, erinnert. Wer sich das Zisterziensische der Anlage vergegenwärtigen will, sollte zu den Scheunenruinen in der Talaue hinuntergehen, die ein Wassergraben durchquert. Von hier aus wird deutlich, dass die ehemalige Klausuranlage mit der Kirche nicht im Talgrund der Freiberger Mulde, sondern auf einer hochwasserfreien Geländeterrasse errichtet worden ist. Dieser Geländesprung wurde vom unterkellerten Nordflügel der Klausur ebenso benutzt wie von den westlich anschließenden Gebäuden des Wirtschaftshofes, die mittelalterliche Vorgänger besessen haben.

Die Klosteranlage im 12. und 13. Jahrhundert

Zur Geschichte

Wie bei vielen Zisterzienserklöstern gingen auch der eigentlichen Klostergründung von Altzella Vorformen von klösterlichen Ansiedlungen voraus. In den Vierzigerjahren des 12. Jahrhunderts - in der Amtszeit des Meißner Bischofs Meinward - hatte ein gewisser Tammo von Strehla auf einem Gebiet, das er von den Meißner Bischöfen zu Lehen erhalten hatte, ein Kloster der »Schwarzen Mönche«, der Benediktiner, gegründet. Diese »Alte Zelle« lag am Mittellauf des Pietzschbaches. Hier - mitten im Zellwald - unterhielten die Zisterzienser von Zella noch im späteren Mittelalter eine klösterliche Ansiedlung mit einer Kapelle. In einer Bischofsurkunde von 1183 wird behauptet, dass diese erste Ansiedlung durch die Nachlässigkeit der Mönche und die Wildheit der Gegend bald wieder eingegangen sei. Dieser erste Vorstoß in den bis dahin unbesiedelten Wald des Erzgebirgsvorlandes zeigt, dass es schon vor der Mitte des 12. Jahrhunderts Bemühungen gegeben hat, von der Altsiedellandschaft der »Lommatzscher Pflege« her nach Süden hin vorzudringen, wobei der die Talweitung in der Nähe der späteren Klostergründung querende Weg offenbar von besonderer Wichtigkeit war. Diese Weitung wurde nämlich bereits seit dem 9. oder 10. Jahrhundert durch eine Wallanlage auf dem dem späteren Altzella gegenüber gelegenen Dechantsberg gedeckt. Spätestens seit der Mitte des 12. Jahrhunderts ist hier ein Weg, der die Mulde in südwestlicher Richtung überquerte, belegbar. In planvoller Weise ließ sodann der Wettiner Otto, Markgraf von Meißen, seit 1156 das Erzgebirgsvorland vom Gau Daleminze her bäuerlich besiedeln. In diesem Zusammenhang sollte seine Stiftung eines Landgebietes von 800 Hufen (ca. 25 500 Hektar) an ein zu gründendes Zisterzienserkloster, die für das Jahr 1162 verbrieft ist, eine besondere Rolle spielen. Als Klosterstandort für den aus dem Kloster Pforte bei Naumburg berufenen Konvent war zunächst Böhrigen im Tal der Kleinen Striegis vorgesehen. Die Tallage der Klöster ist für den Zisterzienserorden obligatorisch. Nach den Gewohnheiten der Zisterzienser überprüfte man aber die Lage von zu gründenden Klöstern im Hinblick auf ihre wirtschaftliche Tragfähigkeit sehr genau und erkannte, dass nicht Böhrigen im engen Striegistal, sondern die Talweitung der Freiberger Mulde am Dechantsberg unterhalb von Nossen der Entwicklung für ein großes und bedeutendes Kloster weitaus besser entsprach. So ließen sich die Pfortenser Mönche die Ausstattung der »Alten Zelle«, eigentlich Lehnsgebiet des Meißner Domkapitels, zusätzlich übertragen, wofür der Markgraf diesem Entschädigungen an Zehnten aus Dörfern in der Nähe der späteren Stadt Freiberg zugestand. Als hier in Christiansdorf 1168 ein spektakulärer Silberfund zutage getreten war, nahm der Markgraf dieses bereits den Zisterziensern zugesprochene Gebiet wieder an sich, um hier selbst das Bergrecht ausüben zu können. Dieser »Ringtausch« von Interessen der drei Partner - Markgraf, Domkapitel und Zisterzienser - muss sich zwischen 1168 und 1175 abgespielt haben. Denn für dieses Jahr ist der Einzug des Zisterzienserkonvents aus Pforte in Altzella bezeugt. Zu diesem Zeitpunkt war aber auch die Klosterkiche bereits im Bau, denn die nördliche Kapelle ihres Staffelchores konnte bereits den Bistumsheiligen von Meißen, Johannes dem Evangelisten und Donatus, geweiht werden. Die Weihen der weiteren drei Kapellen des Staffelchores erfolgten schon 1177 und 1180. Damit ist der Bau der Chorpartie für die Siebzigerjahre des 12. Jahrhunderts eindeutig belegt. Die Fertigstellung der gesamten Kirche liegt für das Jahr 1198 nahe, denn für dieses Jahr ist nicht nur die Weihe des Hauptal-

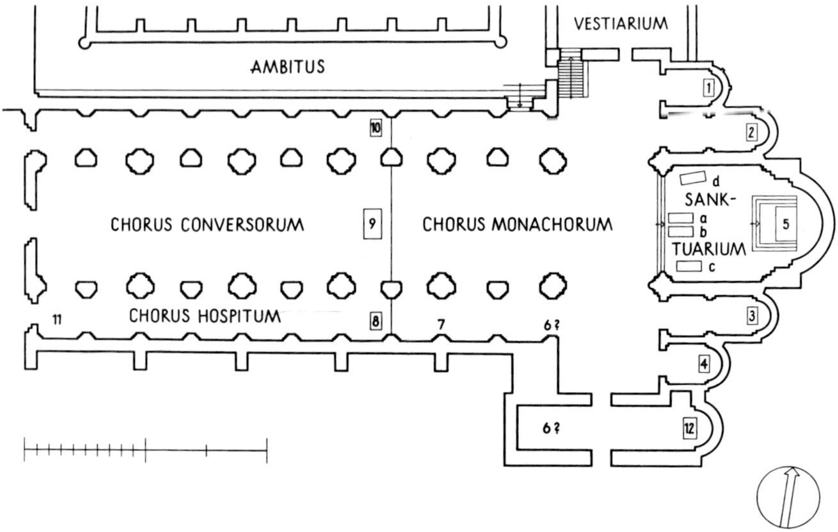

Klosterkirche
Die liturgische Einteilung und die Altäre im 13. Jahrhundert:
1 Johannes Ev., Donatus 1175
2 Petrus, Paulus 1177
3 Benedictus, Gregorius, Silvester, Ambrosius 1180
4 Martinus, Nicolaus 1180
5 Maria, Omnes Sancti 1198
6 Stephanus, Laurentius, Erasmus, Gertrudis 1198
7 Thomas Ep et Mart, Otto 1198
8 Bernhardus, Malachias 1198
9 Crux, Johannes Bapt. 1198
10 Augustinus, Hieronymus 1198
11 Pankratius, Wenzeslaus 1198
12 Michael, Omnes Beati Spiritus 1218
a Grabstein Markgraf Ottos, gest. 1190
b Grabstein der Markgräfin Hedwig, gest. 1203
c Grabstein Markgraf Albrechts, gest. 1195
d Grabstein Markgraf Dietrichs, gest. 1221

Landesamt für Denkmalpflege Sachsen

tars überliefert, sondern auch für Altäre, die westlich der Chorschranke und sogar im westlichen Teil des Langhauses gestanden haben. Inzwischen war der Klostergründer, Markgraf Otto der Reiche, 1190 in einem monolithen Sarkophag unter dem östlichen Vierungsbogen der Kirche bestattet worden. Ihm folgten das Begräbnis seines Sohnes Albrecht 1195 südlich seiner Begräbnisstätte, seiner Gemahlin 1203 zu seiner Rechten und seines anderen Sohnes

Dietrich zu seiner Linken. Dieser verstarb 1221. Im Verlauf des 13. Jahrhunderts folgten die Begräbnisse der zwei ersten Frauen Heinrichs des Erlauchten und dessen eigenes Begräbnis 1288. Damit hatte sich der Stiftungszweck für die Stifterfamilie erfüllt. Denn die reiche Ausstattung des Klosters diente vor allem dazu, ihr Seelengedächtnis, das man bei den Zisterziensern in guten Händen wusste, zu sichern.

Dem Markgrafen wollten andere Adelsfamilien nicht nachstehen. Nicht zuletzt deren Stiftungen verdankte das Kloster seinen riesigen Landbesitz. Unter den Stiftern sind mächtige Geschlechter wie die Burggrafen von Dohna, die Burggrafen von Meißen, die Herren von Bieberstein, von Bor, die Truchsesse von Borna, die von Honsberg, Maltitz, Marschall, Miltitz, Luppe und Heinitz. Mehrere dieser Geschlechter besaßen in dem Kloster eigene Grabkapellen wie die Truchsesse von Borna in der Vorhalle, die von Heinitz in der Kapelle »unterm Haberhaus« oder die von Schönberg in einer Kapelle südlich der Michaeliskapelle.

Diese Stiftungen, Privilegien und Rechte nutzte der Zisterzienserkonvent zum planmäßigen Aufbau einer Wirtschaftsorganisation. Dabei spielte der Ausbau von Wirtschaftshöfen, so genannten Grangien, und die Abrundung des Landbesitzes durch Kauf und Tausch vor allem im fruchtbaren Altsiedelgebiet eine große Rolle. Bis 1213 hatte das Kloster bereits acht Grangien in Nutzung. Eigene Rodungen im Waldgebiet südlich der Freiberger Mulde lassen sich nicht nachweisen. Für die unmittelbare Versorgung des Klosters waren die nahe gelegenen Wirtschaftshöfe Kaltenborn, Kummersheim und Käseberg (heute Nossen, Ortsteil Augustusberg) von besonderer Bedeutung. Hier waren in den ersten Jahrzehnten die dem Mönchskonvent angegliederten Laienbrüder - die Konversen - tätig, denn die vorgeschriebenen siebenmaligen Chorgebete täglich in der Kirche hinderten die Mönche daran, auch ihrer Verpflichtung zur Handarbeit ungehindert nachzugehen. Im Verlauf des späteren Mittelalters ist die Zahl der Laienbrüder nach und nach zurückgegangen. Die landwirtschaftliche Produktion diente nicht allein dem Lebensunterhalt der Mönche und Konversen, sondern auch zur Gewährleistung der kostenlosen Gastfreundschaft für alle Stände, die im Kloster übernachteten und versorgt werden mussten. Der Überschuss an landwirtschaftlichen Produkten wurde auf städtischen Märkten - so in Dresden, Meißen, Freiberg und Leipzig - abgesetzt. Hier unterhielt das Kloster eigene Wirtschaftshöfe. Mit Roßwein, Siebenlehn und Nossen konnte es sogar Städte erwerben. Im Verlauf des Mittelalters kam es mehr und mehr zu den dem Orden anfänglich untersagten bäuerlichen Rentenverpflichtungen, die seit dem 14. Jahrhundert vor allem als Frondienste geleistet werden mussten. Während dem Kloster von Anfang an die niedere Gerichtsbarkeit oblag, unterstanden die hochgerichtlichen Befugnisse zunächst dem Meißner Markgrafen. Erst im Verlauf des 13. Jahrhunderts erlangte das Kloster auch die so genannte Blutgerichtsbarkeit.

Das Zisterzienserkloster erlebte im 13. Jahrhundert nicht nur eine wirtschaftliche, sondern auch eine geistliche und kulturelle Blüte. Als wichtigstem Kloster der Markgrafschaft Meißen fiel ihm die Bedeutung eines Unterpfands klösterlicher Lebensweise und Kultur in einer bis dahin von europäischer Lebensart noch fernen Region zu. Die »Exemtion«, die Ausnahmestellung des Klosters gegenüber Eingriffen des Bischofs, war ein wichtiges Zeichen geistlicher Selbständigkeit. Entscheidend für ein Zisterzienserkloster war seine »Filiation«, seine Abhängigkeit vom Mutterkloster und damit seine Bindung an den Orden, dessen Ausgangspunkt in Cîteaux in Burgund lag. Jedes Jahr versammelten sich sämtliche Zisterzienseräbte zu einer Generalkapitelsversammlung in Cîteaux, was einen ständigen internationalen Kontakt zur Folge hatte. Das Kloster Altzella besaß das Recht der Pfarrerbesetzung in zahlreichen Kirchen, u.a. auch in Leubnitz bei Dresden, wovon noch heute der die Stadt umgehende »Zellesche Weg« zeugt.

Besondere Bedeutung besaß die Unterstellung der fünf Pfarrkirchen der jungen »Silberstadt« Freiberg im Jahre 1225. Zu dieser Zeit war der gelehrte Ludeger Abt von Altzella. Auf ihn gehen Handschriften zurück, die seine Predigten schriftlich festhalten. Sie zeigen ihn als einen Theologen zisterziensischer Prägung. Nicht das Weltgericht, sondern Gnade und Erlösung der Menschheit standen – wie beim Ordensheiligen Bernhard – im Mittelpunkt seines Denkens. Das Bildprogramm der berühmten Goldenen Pforte an der Marienkirche zu Freiberg, dem späteren Dom, entspricht dem geistlichen Gehalt der Sermones des Abtes Ludeger so sehr, dass man in seiner Person den Autor der Ikonographie des Portals annehmen darf. In Altzella wurde ein eigenes Skriptorium unterhalten, das Handschriften zum Teil mit Buchmalereien ausstattete. Es arbeitete nicht nur für den eigenen Bedarf, sondern auch für benachbarte Klöster. In der Universitätsbibliothek von Leipzig, aber auch in den Zisterzienserinnenklöstern St. Marienstern und St. Marienthal haben sich davon schöne Beispiele erhalten.

Die Aufsicht über das 1248 gegründete und 1264 dem Zisterzienserorden inkorporierte Nonnenkloster St. Marienstern bei Kamenz oblag den Äbten von Altzella. Schon 1255 beabsichtigte Markgraf Heinrich der Erlauchte, von Altzella aus eine Tochtergründung in Seußlitz ins Leben zu rufen. Nachdem dort aber ein Clarissenkloster entstanden war, entsandte man von Altzella aus einen Konvent in das von Heinrich 1268 gegründete Neuzelle am Zusammenfluss von Neiße und Oder. Im Jahre 1281 konnte der Mönchskonvent dort angesiedelt werden. Es blieb die einzige Tochtergründung Altzellas.

Die Klosterkirche

Der Bau der Klosterkirche ist den Quellenüberlieferungen zufolge schon vor dem Einzug des Mönchskonventes im Jahre 1175 im Osten begonnen worden. Mit der Weihe des Hauptaltares und mehrerer Altäre im Westteil der Kirche 1198 war der Bau wohl im Wesentlichen vollendet. Die Quellen geben auch über die liturgische Nutzung erschöpfend Auskunft. Danach enthielt das annähernd quadratische Chorhaupt das Sanktuarium mit dem der Gottesmutter und Allen Heiligen 1198 geweihten Hochaltar in der Apsis. Vor diesem lagen die Grabstätten der Wettiner. Das Sanktuarium wurde von Kapellen begleitet, deren sich aufstaffelnde Apsiden folgende Altäre enthielten: im Norden, anschließend an die Sakristei, den 1175 den Bistumsheiligen Johannes dem Evangelisten und Donatus geweihten Altar und südlich anschließend den 1177 geweihten Altar der Apostelfürsten Petrus und Paulus. Südlich vom Sanktuarium folgten zwei weitere Kapellen des Staffelchores. Sie waren 1180 geweiht und enthielten Altäre des Benedictus, Gregorius, Silvester und Ambrosius in der das Sanktuarium begleitenden Kapelle und des Martinus und Nicolaus in der äußeren. In den voneinander und vom Sanktuarium durch Mauern getrennten Kapellen konnten die Priestermönche, ohne sich gegenseitig zu stören, die ihnen für jeden Tag vorgeschriebenen Messen lesen. In der Vierung und im östlichen Teil des Langhauses war der Mönchschor, chorus monachorum, eingerichtet. Das Chorgestühl stand hier an der Nord- und Südseite einander gegenüber. Eine Treppe führte vom nördlichen Querhausarm in das Dormitorium, den Schlafsaal der Mönche, im Obergeschoss des nördlich anschließenden Konventbaues. Im östlichsten Joch des nördlichen Seitenschiffes lag der Eingang vom Kreuzgang in die Kirche. Hier führten fünf Stufen in den Kreuzgang hinab. Ein Treppenturm schloss sich westlich an den südlichen

Querhausarm an. Südlich des Querhauses lag die 1218 dem Erzengel Michael geweihte Kapelle. Da stets der Klosterfriedhof den Konventbauten gegenüber angelegt wird, ist die dem Seelengeleiter und Erzengel Michael geweihte Kapelle an dieser Stelle bei Zisterzienserkirchen häufig anzutreffen. Hier wurden verstorbene Mönche vor ihrem Begräbnis aufgebahrt. Wo genau die Schranke zwischen dem Chor der Laienbrüder gelegen hat, lässt sich für Altzella nicht sicher sagen. Vor ihr erhob sich in der Mitte der Kreuzaltar, im südlichen Seitenschiff, dem Gästechor, der Bernhardsaltar. Als Gegenstück war im nördlichen Seitenschiff der Altar den lateinischen Kirchenvätern Augustinus und Hieronymus geweiht. Die Vorhalle, die in ihrem nördlichen Teil später als Grabkapelle der Truchsesse von Borna diente, war wohl für die Sammlung der Konversen vor dem Einzug in die Kirche bestimmt, während die Gäste den südlichen Eingang der Westfassade zu ihrem »Chor« benutzten. Der mittlere Haupteingang wurde wohl nur bei feierlichen Prozessionen geöffnet.

Die Westfassade war dem Abbruch der Klosterkirche in den Achtziger- und Neunzigerjahren des 16. Jahrhunderts entgangen. Ihre Gestalt wurde durch ein Aquatintablatt Johann Gottfried Klinskys im Zustand der Neunzigerjahre des 18. Jahrhunderts getreulich überliefert, ehe sie um 1800 mit Ausnahme zweier seitlicher Reste beseitigt wurde. Inzwischen ist aber der Grundriss der Kirche erforscht. Im Anschluss an eine Grabungskampagne unter Leitung von Walter Tscheschner 1953 bis 1955 führte Heinrich Magirius bis 1960 die Grabungen hier und im Klausurgebiet weiter. Der Bereich der Klosterkirche wurde im Anschluss daran planiert und der Grundriss mit Schieferplatten markiert. Danach war die Klosterkirche eine kreuzförmige Anlage gemäß einer offenbar sehr einheitlichen Konzeption. Die Unterfundamente bestehen aus Bruchsteinen, an einigen Stellen setzt der Ziegelbau be-

Klosterkirche, Ruine der Westfassade und Nordwand der Andreaskapelle vom Westen, um 1795. Aquatintablatt von Johann Gottfried Klinsky. Staatliche Kunstsammlungen Dresden, Kupferstich-Kabinett

reits im Oberfundament an. Im aufgehenden Mauerwerk ist die Klosterkirche ein Backsteinbau mit Ziegelformaten von 28 × 13 × 9 Zentimeter. An Sockeln, Diensten und den Westportalen tritt schmuckhaft Sandstein als Werkstoff hinzu. Die Ostpartie war als Staffelchor ausgebildet. Die je zwei Seitenkapellen am Sanktuarium waren nach der Mitte hin aufgestaffelt und wie das Sanktuarium selbst mit Apsiden versehen. Dieser Typus des Staffelchores war von cluniazensischen Klosterkirchen in die Zisterzienserarchitektur übernommen, umgebildet und bis ins dritte Viertel des 12. Jahrhunderts besonders in Deutschland mehrfach angewendet worden. Ausgangspunkt für die Lösung von Altzella wird das allerdings altertümlichere Chorhaupt der Kirche des Mutterklosters Pforte gewesen sein. In der Durchbildung im Einzelnen kommen der Altzeller Lösung die Chorpartien der Zisterzienserkirchen

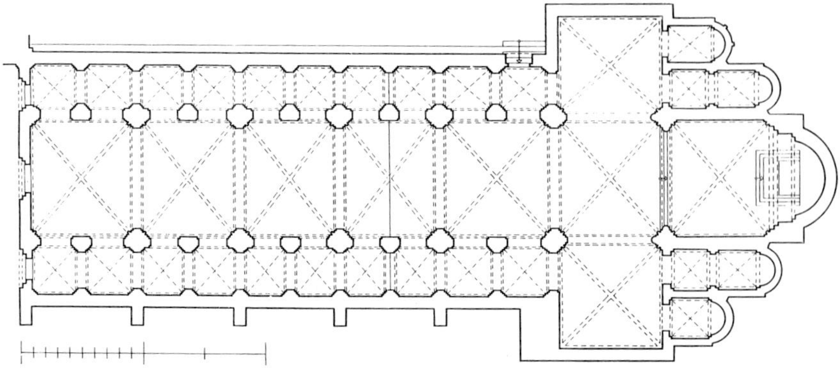

Klosterkirche, Grundrisskonstruktion des Zustands um 1200. Landesamt für Denkmalpflege Sachsen

von Georgenthal, Bronnbach und Bildhausen aus dem dritten Viertel des 12. Jahrhunderts nahe. Die Kreuzförmigkeit der Kirche entspricht den Gewohnheiten der Zisterzienser. Das Altzeller Langhaus bestand aus fünf in etwa quadratischen, gewölbten Jochen des »gebundenen Systems«, das heißt, an jedes Mittelschiffsjoch sind seitlich je zwei wohl kreuzgratgewölbte Seitenschiffsjoche gebunden. Daraus ergibt sich ein »Stützenwechsel« von kreuzförmigen Pfeilern mit Eckdiensten zur Aufnahme des Rippengewölbes und kleineren rechteckigen Pfeilern. Strebepfeiler treten an der Südseite nur aller zwei Joche auf.

Klosterkirche, Längsschnitt, Rekonstruktion des Zustands um 1200. Landesamt für Denkmalpflege Sachsen

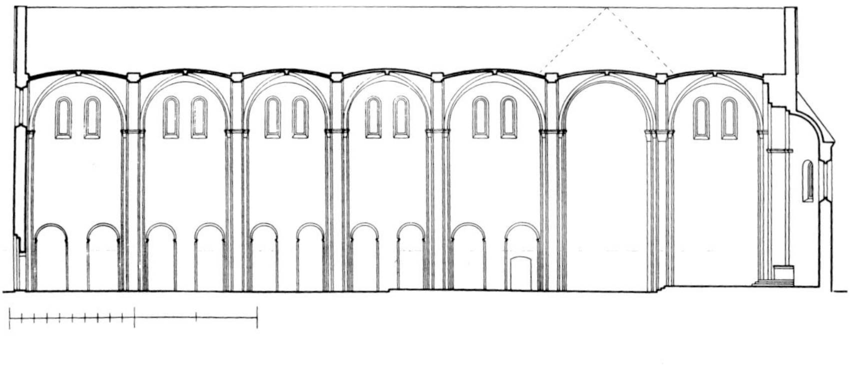

Klosterkirche, Isometrische Darstellung des Zustands um 1200 vom Südosten. Landesamt für Denkmalpflege Sachsen

Dieser Typus einer durchweg gewölbten Großkirche hat sein Vorbild in der Grabkirche Kaiser Lothars in Königslutter, folgt aber in Altzella im Detail offenbar mehr der oberrheinischen Kirchenarchitektur des 12. Jahrhunderts, wie zum Beispiel dem Dom in Worms. In der gleichzeitigen Zisterzienserarchitektur findet sich der Typus in ähnlicher Weise in Otterberg in der Pfalz und in Arnsburg in der Wetterau. In Mitteldeutschland wurde er bei den Zisterzienserkirchen in Georgenthal in Thüringen und in etwas vereinfachter Form auch in Buch und in Grünhein in Sachsen angewendet. In der Größe und bis in die Detailformen ähnlich ist dem Altzeller Kirchenbau die Zisterzienserkirche in Doberlug. Doberlug war eine Gründung Markgraf Dietrichs, eines Bruders des Markgrafen Otto, aus dem Jahre 1165. Allerdings ist hier die Kirche wohl erst in den Achtzigerjahren begonnen worden, ihre Vollendung erfolgte erst im ersten Viertel des

13. Jahrhunderts. Auch Doberlug ist ein Backsteinbau mit typisch oberitalienischen Detailformen. Von Doberlug ist die Klosterkirche der Zisterzienserinnen in Trebnitz in Niederschlesien beeinflusst. Noch bei der Zisterzienserkirche von Mogiła bei Krakau, ebenfalls ein Backsteinbau gebundenen Systems, spürt man noch den Einfluss von Altzella und Doberlug.

Im Lapidarium von Altzella befinden sich heute verschiedene Werksteine, die aus der Kirche stammen. So weisen überlieferte Rippenformen - wohl sicher aus der Altzeller Kirche - unterschiedliche Profile auf, so für den Chor und die Rippen in der Hauptapsis gespitzte Wülste, für das Langhaus dagegen ein komplizierteres Profil mit zwei Rundprofilen und seitlichen Kehlen. Von den Diens-

Klosterkirche, Kapitell eines Dienstes wohl von der Ostparie

Klosterkirche, Dienstsystem an der Nordwestecke des Mittelschiffs vom Südosten

Klosterkirche, Westfassade, Bogen über dem ehemaligen Südportal

ten des Langhauses stammt ein schönes Überschlag-Rankenkapitell. Neue Funde von Dienstkapitellen aus dem Fundament des Mausoleums zeigen dagegen einen geometrischen Ornamentschatz, Zeichen dessen, dass zwischen den Siebziger- und Neunzigerjahren des 12. Jahrhunderts für den Kirchenbau doch eine stilistische Entwicklung anzunehmen ist.

Anschaulich wird die Altzeller Backsteinarchitektur noch an den beiden Resten der Westfassade der Kirche mit den unterschiedlichen Bogenformen über dem Eingang der Konversen nördlich und der Gäste südlich. Einfacher gestaltet ist der nördliche. Er zeigt einen Wechsel von Backsteinschichten und Sandsteinen an der zum Scheitel zu anschwellenden Rollschicht, die von einer Flachschicht umgeben ist. Der Bogen über dem südlichen Portal weist ein weitaus deutlicheres Anschwellen auf. Die

Rollschicht ist von einer Flachschicht unterlegt und umgeben sowie zusätzlich bereichert durch einen unterlegten Sandsteinbogen mit einer Verzahnung der einzelnen Steine im »Hakenschnitt«. Diese zunächst fremdartig anmutende Zierarchitektur wurzelt in alten mittelmeerischen Traditionen. Die farbige Inkrustationsarchitektur lässt sich auf römische Vorbilder zurückführen. Der Farbenwechsel speziell an Bögen und dessen Anschwellen zum Scheitel hin kann man durch die Architekturgeschichte des gesamten Mittelalters verfolgen. Aber das Motiv des von Flachschichten umgebenen Rollbogens in Backstein findet sich im 12. Jahrhundert insbesondere an Paveser und Mailänder Bauten, desgleichen der Wechsel von Backstein und Haustein. In der byzantinischen Architektur kommt er gleichzeitig zu ähnlich raffinierter Anwendung.

Der durch das Aquatintablatt von Klinsky für den Altzeller Giebel überlieferte Kreuzbogenfries ist ein in Oberitalien weit verbreitetes Schmuckmotiv. Das gilt auch für die über zwei Portale übereck gestellten Sandsteinplatten mit flachen Kreuzen, wohl Weihekreuzen. Auch sie lassen sich in der byzantinischen Architektur finden. In den »mittelmeerischen« Sprachschatz gehört auch der Hakenschnitt, der im Falle des Theoderichgrabmals in Ravenna von Syrien abgeleitet wird. Im 11. und 12. Jahrhundert fand er weite Verbreitung in der islamischen Architektur, aber auch in Italien, Dalmatien und in der Normandie, schließlich hin und wieder auch in Deutschland. Damit wird deutlich, dass dem Architekten der Klosterkirche von Altzella ein weiter internationaler Horizont vor Augen stand.

Die Klosterkirche von Altzella lässt sich also keiner bestimmten Kunstlandschaft zuordnen. Insbesondere mit dem Backstein als Baumaterial wurde hier eine neue Seite der Architekturentwicklung in Deutschland aufgeschlagen, denn die gut datierte Klosterkirche gehört neben der Stiftskirche der Augustiner Chorherren in Altenburg und der Prämonstatenserkirche in Jerichow zu den frühesten bedeutenden Backsteinbauten in Deutschland überhaupt.

Die vier Stiftergrabplatten im Mausoleum

Im klassizistischen Mausoleum sind in etwa an ihrem ursprünglichen Standort vier mittelalterliche Grabplatten der wettinischen Stifterfamilien als Flachtumben aufgestellt. Ihr historischer Ort waren ihre Begräbnisse im Sanktuarium der Klosterkirche. Diese wurden bereits 1676 ergraben. In der Mitte liegt ein Ehepaar, Markgraf Otto, gestorben 1190, mit seiner Gemahlin Hedwig, gestorben 1203, etwas nach Osten hin eingerückt die Söhne des

Grabplatte des Markgrafen Otto, gest. 1190 (links)

Grabplatte der Markgräfin Hedwig, gest. 1203 (rechts)

Paares, südlich Markgraf Albrecht, gestorben 1195, nördlich Markgraf Dietrich, gestorben 1221. Die Platten sind in Sandstein gearbeitet und zeigen die Verstorbenen mit den Köpfen auf Kissen liegend und dennoch gleichsam als Standfiguren. Deutlich ist Markgraf Otto als Familienoberhaupt mit Kopfbedeckung, Lanze, Schild und Schwert, seine Gemahlin ehemals mit dem Kirchenmodell in der Hand, der Sohn Albrecht als jüngerer Mann mit einem Kranz im Haar und der Sohn Dietrich als lockenumwallter Jüngling dargestellt.

Die durch preußische Soldaten im 18. Jahrhundert entstellten Figuren verdienen aufmerksame Betrachtung, denn nur dann erschließen sich ihre bildhauerischen Qualitäten. Man wird der unterschiedlichen Materialität der Gewandung sowie des schwingenden Faltenwurfs des

Grabplatte des Markgrafen Albrecht, gest. 1195 (links)

Grabplatte des Markgrafen Dietrich, gest. 1221 (rechts)

Vier Grabplatten der Wettiner mit Angabe der historischen Polychromie nach Untersuchungen der Restaurierungswerkstatt des Meißner Domes 1996. Landesamt für Denkmalpflege Sachsen

Mantels der Markgräfin, der ausdrucksvollen Gesten der Hände und des einst sprechenden Ausdrucks der Gesichter gewahr. Auch muss man mit bedenken, dass manche Eigentümlichkeiten durch die ehemalige Farbgebung erklärbar sind, so der moluskenhaft wirkende Körper Ottos dadurch, dass er einen gemalten Kettenpanzer unter dem Mantel trug, Dietrich dagegen einen Lederwams.

Die Altzeller Grabfiguren sind als Gruppendenkmal von Stiftern zu verstehen, wie sie im 13. Jahrhundert gerade in Mitteldeutschland nicht selten waren. Da sie viele traditionelle Züge tragen, die auf die Freiberg-Wechselburger Skulpturengruppe zurückweisen, aber kaum auf die naumburgische, möchte man sie »früh«, das heißt in die Fünfzigerjahre des 13. Jahrhunderts datieren. Der Meister scheint auch die in den Sechzigerjahren im nahen Meißner Dom entstandenen Stifterfiguren überhaupt nicht gekannt zu haben. Zum stilistischen Vergleich bieten sich einige Figuren im Chorhaupt des Magdeburger Domes an, so der Mauritius, die Maria der Verkündigungsgruppe oder die Gewandung von Ecclesia und Synagoge. Damit wäre eine Datierung in die Sechzigerjahre möglich. Als Auftraggeber für die Auswahl der Grabplatten längst verstorbener Stifter kommt wohl am ehesten das Kloster Altzella selbst infrage. Die bildliche Anwesenheit der Personengruppe hat in diesem Falle wohl nichts mit juridisch-repräsentativen Absichten zu tun, vielmehr mit ihrem Seelengedächtnis als Aufgabe des Konvents. Dem Verdienst der Stiftung wird durch den Dienst der Fürbitte entsprochen. Das Andenken der Stifter ist in der Geschichte der klösterlichen Kommunität gleichsam aufgehoben und so verklärt, dass es nun auch in Denkmalen - weit entfernt von der historischen Realität der Personen selbst - darstellbar wird.

Die Konventbauten

Von den Konventbauten, die sich östlich und nördlich an den Kreuzgang anschlossen, haben sich nur wenige Reste erhalten. Am wichtigsten war stets der unmittelbar an die Kirche anstoßende Ostflügel, der nach zisterziensischer Gewohnheit folgende Räume enthielt: die Sakristei, das Vestiarium, den Kapitelsaal, das Capitulum, den Sprechsaal, das Parlatorium und in vielen Fällen den Brüdersaal. Zwischen Kapitelsaal und Parlatorium hat man oft einen Durchgang zum östlich der Klausur gelegenen Siechenhaus, dem Infirmitorium, und eine Treppe hinauf in das Dormitorim, das das ganze Obergeschoss des Ostflügels einnahm, angelegt. Der Schlafsaal muss auch unmittelbar von der Kirche aus durch eine Treppe im Querhausarm zugänglich gewesen sein. Am äußersten Ende des Konventbaus legte man - meist über fließendem Gewässer - die Aborte, die Necessaria, an. In dem der Kirche gegenüber liegenden Flügel musste der einzige geheizte Raum, das Kalefaktorium, liegen. An dieses schloss sich westlich der Speisesaal, das Refektorium, an. Gegenüber vom Eingang zum Speisesaal war - an den Kreuzgang angefügt -

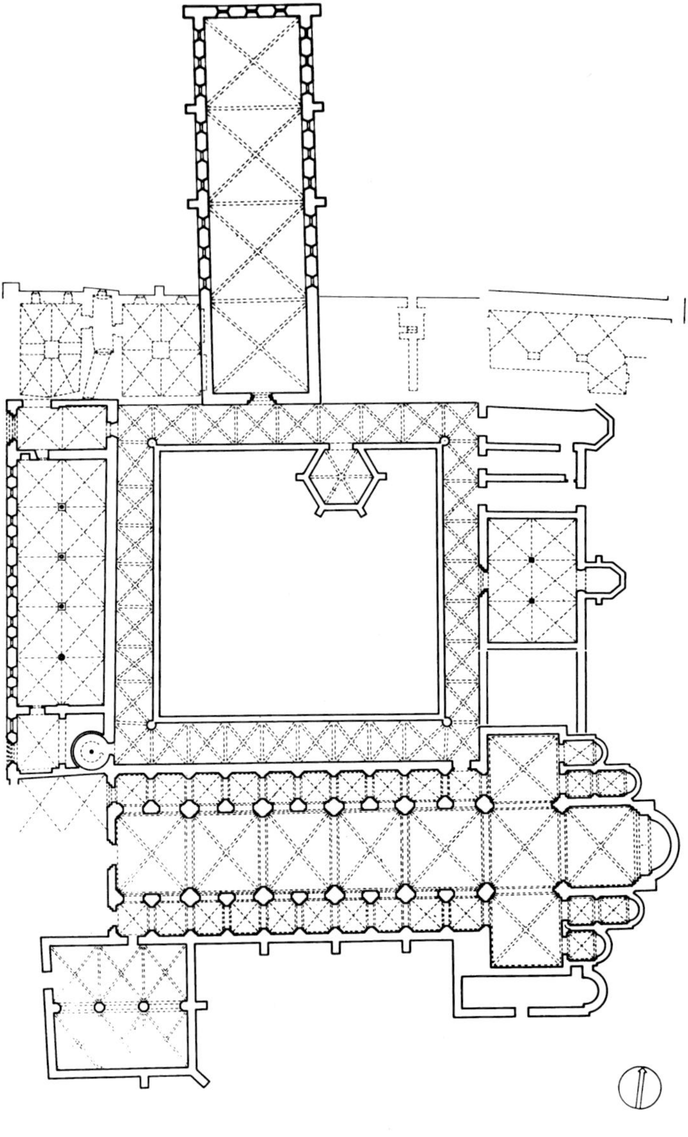

Konversenhaus mit Abrissspuren des Westflügels des Kreuzganges vom Südosten

die Brunnenkapelle. Auf das Refektorium folgte westlich die Küche, Coquina, die zur Vorbereitung der Speisen sowohl der Mönche als auch der Laienbrüder diente. Die Räume der Laienbrüder lagen getrennt von denen der Mönche im westlichen Flügel.

Die Situation in Altzella scheint weitgehend diesem Typus einer zisterziensischen Klausuranlage entsprochen zu haben. Nur wenige Teile sind in den letzten 50 Jahren untersucht worden. Festgestellt wurden in dieser Zeit lediglich die Eckpunkte des Kreuzgangens mit den Basen großer runder Eckpfeiler. Er lag etwa 1,30 Meter unter dem Fußbodenniveau der Kirche und war mit Ziegelplatten von unterschiedlicher Form und Farbe ausgelegt. Die Konsolen und Abrissspuren vom Kreuzganggewölbe deuten auf neun ehemals anschließende Gewölbejoche des westlichen Flügels hin. Dieselbe Anzahl ist für die anderen Flügel anzunehmen. Von seinen Kreuzrippengewölben erhielten sich Schlusssteine, teils flache Platten mit Flechtbändern und Blattwerk, teils hängende Schluss-

linke Seite: Klosterkirche, Konventbauten und Konversenhaus, Grundrissrekonstruktion. Landesamt für Denkmalpflege Sachsen

Schlussstein vom Gewölbe im Kreuzgang

steine, der eine umwunden mit einem kunstvollen Flechtband. Typisch zisterziensisch sind die am Konversenhaus erhaltenen Hornkonsolen. Ergraben wurden weiterhin die sechseckige Brunnenkapelle am nördlichen Kreuzgangflügel, eine ebenfalls sechseckige Kapelle, die sich an das mittlere Joch des westlichen Flügels anschloss, und ein ehemals gewölbter Heizkeller unter dem Wärmeraum. Er befand sich östlich des Refektoriums. Von diesem erhielten sich Teile der Westwand. Der doppelgeschossige Bau des Refektoriums lag im rechten Winkel zum Kreuzgang.

Alle anderen Erkenntnisse verdanken wir den Freilegungen und Dokumentationen des Parkgärtners Johann Gottfried Hübler aus der Zeit um 1800. Danach schloss sich an den nördlichen Querhausarm der Kirche die wohl in zwei schmale Räume unterteilte Sakristei an. Der nördliche besaß offenbar einen Ausgang nach Osten. Es folgte der Kapitelsaal, ein zweischiffiger Raum von drei Jochen, dessen Gewölbe von zwei Porphyrsäulen getragen wurde. Diese haben sich erhalten. Die eine steht als romantisches Monument auf einem Hügel im Bereich der ehemaligen

Hornkonsole vom ehemaligen Westflügel des Kreuzganges

Abtei, die andere befindet sich als Museumsstück im Lapidarium. Das spitzbogige Stufenportal an der Westseite der Nossener Kirche muss als Durchgangsportal vom Kreuzgang in den Kapitelsaal gedient haben. Der Saal war, den Grabungsbefunden von Hübler zufolge, umgeben von wandparallelen Steinbänken, wie sie für die Versammlung der Mönche zu den Kapitelsitzungen benötigt wurden. Vom Fußboden des Kapitelsaals stammt wohl auch die Rosette aus verschiedenfarbigen Ziegelplatten, die noch heute museal aufbewahrt wird. Östlich folgt eine kleine, polygonal geschlossene Kapelle, die das Grab des 1442 verstorbenen Abtes Vinzenz Gruner enthält. Der Sockel dieser Kapelle ist in die Parkanlage einbezogen. An den Kapitelsaal schloss sich nördlich ein Durchgang an, der in einen Gang mündete, der zum Krankenhaus führte. Auf den Durchgang folgten nördlich die geradläufige Treppe hinauf zum Dormitorium und eine Kapelle mit polygonalem Abschluss. Das schöne Quadermauerwerk von diesem Bau in Porphyr und der Altar sind noch heute zu sehen. Wie die halbrunden Dienstvorlagen im Inneren zeigen, war die Kapelle gewölbt. Nördlich davon lag offenbar ein großer Saal anstelle des Hügels oberhalb des kreuzgratgewölbten Kellers, der durch Hübler von Osten her seine große spitzbogige Öffnung erhielt. Möglicherweise setzte sich der Ostflügel bis zum Klostergraben fort.

Für die Anlage der Keller unter dem Nordflügel der Klausur wurde der Geländesprung genutzt. Die Keller waren offensichtlich alle von der Talseite her ebenerdig zugängig, während das Erdgeschoss in Höhe der Kreuzganghöhe lag. Bekannt ist der Heizraum, ein an einen Vorraum anschließender tonnengewölbter Schacht, über dem große Kieselsteine die Wärme speicherten. Nach dem Rauchabzug konnten im Fußboden des über dem Heizraum liegenden Wärmeraumes die sonst mit Steinen abgedeckten Tubuli geöffnet werden. Dann strömte die

Sommerrefektorium, Westwand vom Westen

warme Luft in den Raum. Westlich vom Wärmeraum erstreckte sich das Mönchsrefektorium weit ins Tal hinein. Von der Westwand dieses Baues stammt die eindrucksvollste Altzeller Ruine. Sie zeigt ein gewölbtes Untergeschoss und darüber den Aufriss des Speisesaales, der mit Rippen über Konsolen gewölbt war. In jedem Joch saßen drei große, leicht spitzbogige Fenster, darüber zwei kleinere. Außen nahmen Strebepfeiler den Gewölbeschub auf. Das Refektorium war ein technisch höchst qualifizierter Backsteinbau. Nur die typisch zisterziensischen Gewölbekonsolen bestehen teils aus Porphyr, teils aus Sandstein. Von den Rippen und Gurtbogen haben sich sowohl Formziegel wie Sandsteinwerksteine erhalten. Ihr Profil – eine Spitze wird von zwei Rundstäben mit anschließenden Kehlen flankiert – variiert das der Gewölbe von Kirche und Kreuzgang nur leicht. Zu den Formen des »Übergangsstiles« von der Romanik zur Frühgotik, die an der Ruine des Sommerrefektoriums ablesbar sind, passt die Überlieferung, dass das heute an der Südseite der Nosse-

Sommerrefektorium, Westwand vom Osten

ner Kirche angebrachte Stufenportal mit seinen Reihen unterschiedlicher Blattkapitelle vom Eingang des Sommerrefektoriums stammt. Von besonderer Schönheit ist das Tympanon mit einer exakt ausgearbeiteten Flechtrosette im Mittelpunkt. Das Portal ist, wie das Refektorium selbst, in die Zeit um 1220/30 zu datieren. Etwas früher kann das vom Kapitelsaal stammende Portal - jetzt an der Westseite der Nossener Kirche angebracht - entstanden sein. Es weist korinthisierende Kapitelle auf und besitzt als Durchgangsportal kein Tympanon. An das Refektorium schließt sich westlich die Küche an. In der Mauer ist noch die Öffnung, die zum Durchreichen der Speisen diente, erkennbar. Die Küche war ebenfalls von vornherein unterkellert.

Sehr wahrscheinlich ist die Klausur, insbesondere der Nordflügel derselben, in mehreren Bauphasen entstanden. Dafür sprechen auch die archäologischen Befunde im Kellerbereich nördlich des Konversenhauses. Hier scheint der Keller unter der mittelalterlichen Küche älter

PROPTER
MEI PER
RICHTI
V·D·M·
SCELUS
CUSSUS
UNSER GE
KEIT
65

als der westlich daneben befindliche zu sein. Ein Zugang lag ursprünglich an seiner Westseite, wo bis dahin der jetzt dort vorhandene Keller noch nicht existierte. Solange im Bereich der Klausur keine weiteren Grabungen erfolgt sind, wird sich eine Antwort auf die Frage nach ihrem Aussehen im letzten Viertel des 12. Jahrhunderts nicht geben lassen. Die heute erkennbaren Bauteile gehören alle mit einiger Sicherheit dem ersten Drittel des 13. Jahrhunderts an.

linke Seite: Portal der Kirche in Nossen, 1565 vom Sommerrefektorium des Klosters Altzella hierher versetzt

Das Konversenhaus

Als einziger noch aufrecht stehender Bau des Klosters Altzella darf das Konversenhaus, das Haus der Laienbrüder, besondere Aufmerksamkeit beanspruchen. Seine aus Bruchsteinen errichtete Ostwand bildet die Westseite des westlichen Kreuzgangflügels. An seinen Südgiebel schloss sich die gewölbte Vorhalle zur Kirche hin an. Sie war offensichtlich räumlich in einen schmaleren vor dem Konversenportal und einen breiteren südlich daneben

Konversenhaus, Westansicht, Aufriss des Zustands 1958. Gezeichnet nach einer fotogrammetrischen Aufnahme von Dieter Schölzel. Landesamt für Denkmalpflege Sachsen

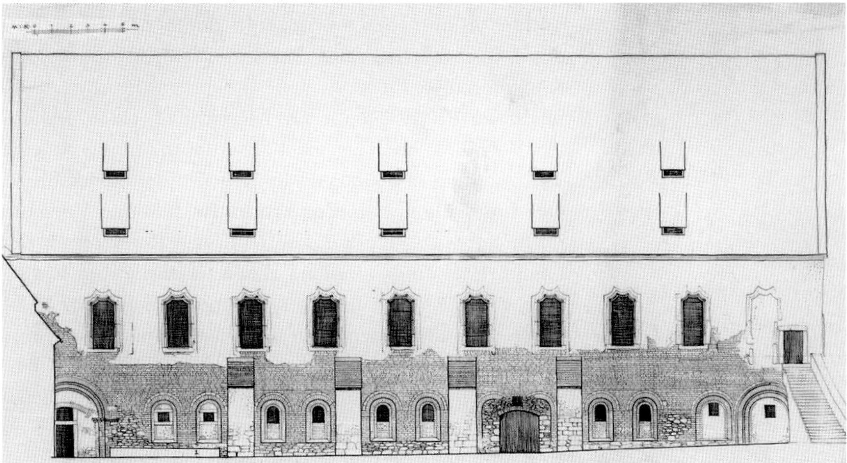

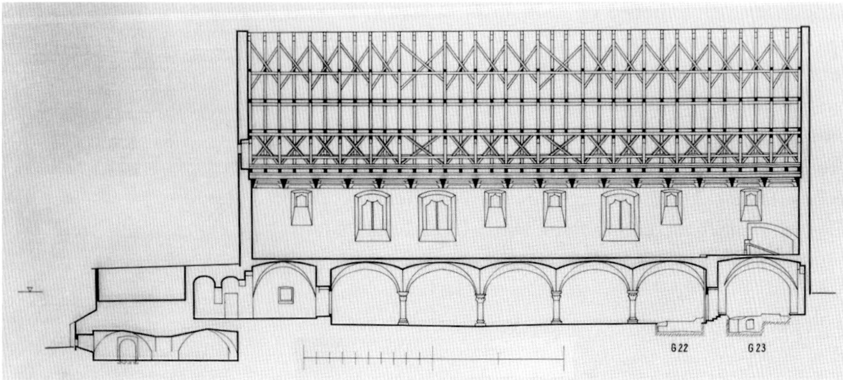

Konversenhaus, Längsschnitt nach Osten, Zustand um 1960. Landesamt für Denkmalpflege Sachsen

unterteilt. Der Erstere war die Vorhalle, die den Laienbrüdern zur Sammlung vor dem Einzug in ihren »Chor« diente. Hier wurden die drei Grabsteine der Truchsesse von Borna aus dem 15. und 16. Jahrhundert gefunden. In spätmittelalterlicher Zeit war also aus der Vorhalle eine Adelskapelle geworden. Eine Verbindung zur Klausur hin existierte lediglich am nördlichen Ende des Konversenhauses. Hier führte ein Stufenportal in einen kreuzgratgewölbten Raum, den »Ern«, und durch denselben hindurch in den Kreuzgang. Am Südende der Westseite des Konventhauses findet sich ein weiteres gestuftes, aber kapitellloses Rundbogenportal. Es erschließt einen gewölbten Vorraum. Hier lag wohl schon von Anfang an eine Treppe, die zum Schlafsaal der Laienbrüder hinaufführte. Das Erdgeschoss zwischen Ern im Norden und Vorraum im Süden wird von dem zweischiffigen Refektorium der Laienbrüder eingenommen. Das Refektorium im Erdgeschoss und das Dormitorium darüber erhielten ihr Licht durch Rundbogenfenster von Westen. Im Erdgeschoss sind sie gekoppelt, denn sie sind auf die fünf Gewölbejoche im Inneren bezogen. Die Reihe von 21 kleinen Fenstern im Obergeschoss zeigt, dass hier keine Bindung an eine Binnengliederung des Raumes vorhanden war.

Konversenhaus und Klosterkirche, Westansicht, Rekonstruktion des Zustands um 1220. Landesamt für Denkmalpflege Sachsen

Im Jahre 1506 wurde der ehemalige Schlafsaal der Laienbrüder zum Bibliothekssaal umgebaut. Dabei wurde der Obergeschossraum erhöht und mit zehn stattlichen Vorhangbogenfenstern versehen. Damals erhielt der Bau ein neues schiefergedecktes Satteldach mit drei Böden. Aber schon in romanischer Zeit wirkte das Konversenhaus mit der Westfassade der Kirche zusammen auf den Besucher des Klosters repräsentativ. Während die vom Kreuzgang verdeckte Ostseite aus dem anstehenden Bruchstein errichtet wurde, ist die Westseite als Schauseite ausgebildet. Bruchstein wurde nur mit einigen Ausnahmen bis zur Sohlbankhöhe des Erdgeschosses verwendet. Die sich darüber erhebende Backsteinarchitektur ist hingegen von eindrucksvoller Perfektion. Die Ziegel weisen - ähnlich wie die an der Kirche - die Maße von 28 × 13 × 9-10 Zentimeter auf und zeigen an der Oberfläche eine den Scharruren der Steinarchitektur nachgebildete Oberflächenbearbeitung. Sie wurde den Ziegeln wohl noch vor dem endgültigen Brand mittels Kämmen an der Sichtseite aufgedrückt. Die Ziegelschichten laufen durch, zeigen aber keinen ganz geregelten Verband; die Läufer überwiegen die Binder. An einigen Stellen sind Reste von einer sehr sorgfältigen originalen Verfugung erhalten. Offenbar war die gesamte Fassade rot bemalt. Von besonderer Sorgfalt zeugen die Bogenöffnungen der Portale und Fenster. Nur an den beiden Portalen tritt auch Sandstein im Wechsel mit Backstein auf. Einen profilierten Kämpfer aus Sandstein besitzt nur das Portal am Ern. Alle Öffnungen sind von »schwellenden« Rollbogen mit einer Flachschicht darüber umfangen. In den Leibungen der Fensterbögen fanden sich in Putz eingesetzte Flächen, die sich wohl hell von der roten Ziegelarchitektur abhoben. Ob das Fugennetz weiß hervorgehoben war, ist nicht mehr deutlich zu ermitteln. Mit dieser romanischen Schaufront wies sich das Kloster Altzella als Zisterzienserbau aus, denn Rot

Konversenhaus, Portal am Ern

Konversenhaus, Refektorium vom Nordwesten

und Weiß waren stets die Wappenfarben der Zisterzienser. Sehr wahrscheinlich liegen hier Zusammenhänge mit den beiden Tochterklöstern von Clairvaux in Oberitalien, Chiaravalle milanese und Chiaravalle della Colomba, vor.

Nach einer Wiederherstellung des Konversenrefektoriums am Ende der Neunzigerjahre ist die besondere Schönheit dieses Innenraumes wieder ansichtig geworden: Vier kräftige Säulen tragen das Kreuzgratgewölbe. Da die Scheitellinien des Gewölbes zum Zentrum der Joche kupplig ansteigen, ergibt sich eine feine Rhythmisierung des in hellen bräunlichen Tönen ausgemalten Raumes, dem der dem Original nachgebildete Fußbodenbelag von roten und schwarzen Ziegeln und die gemalte Ziegelarchitektur an der Westseite einen innenarchitekto-

Konversenhaus, Refektorium vom Südosten

nischen Halt geben. Die Basen und Kapitelle der Säulen sind zwar durch die jahrhundertelange Benutzung des Raumes als Kuhstall abgerieben, weisen aber noch immer ihren typisch spätromanischen Charakter auf. Die Sockel sind »attisch« ausgebildet: ein ausladender unterer Wulst, darüber eine Kehle und ein durch Plättchen abgesetzter schmalerer oberer Wulst. Die Kelchblockkapitelle zeigen in der unteren Zone Pflanzenstengel, in der oberen knospenhafte Verdickungen, belebt durch Blattwerk. Lediglich das dritte Kapitell von Süden besitzt einen reicheren Schmuck von Ranken und palmettenartigem Blattwerk.

Archäologische Untersuchungen bei der Instandsetzung des Baues in den Neunzigerjahren hatten zum Ergebnis, dass das Konversenhaus nachträglich an die Westfassade der Kirche angefügt worden ist. Der noch spätromanisch wirkende Bau entstand wohl im ersten Viertel des 13. Jahrhunderts. Ein erst kürzlich entdecktes Indiz nördlich des Baues spricht ebenfalls für die relativ späte Entstehung. Hier fand sich im Boden ein älterer Mauerzug in Backstein, der mit der Konzeption des Konversenhauses nicht in Übereinstimmung gebracht werden kann. Überhaupt gibt die Nordseite des Baues mancherlei Rätsel auf. Im Erdgeschoss war der nördlich an den Ern anstoßende Raum gewölbt und durch zwei auf einem Pfeiler ruhende Bögen mit dem Ern verbunden. Auch im Obergeschoss scheint es diese räumliche Ausweitung gegeben zu haben. Vielleicht ist diese bauliche Erweiterung, die im Bereich des Nordflügels der Klausur liegt, nicht in einem Zuge mit dem Bau des Konversenhauses erfolgt. Dafür spricht die von der Grundrissstruktur abweichende Ausbildung des gewölbten Kellers. Ungeklärt ist auch noch, ob das Konversenhaus nach Norden hin in die Talaue hinein eine Erweiterung besaß, was im Hinblick auf die Notwendigkeit von Toilettenanlagen zweckmäßig gewesen wäre.

Typologisch gesehen stellt die Anlage des Altzeller Konversenhauses eine ebenso reife Leistung dar wie in stilistischer Hinsicht. Es kam bei der Anlage von Zisterzienserklöstern darauf an, für die Laienbrüder von der Klausur der Mönche getrennte Räume und einen eigenen Eingang zur Kirche zu schaffen. Zur Lösung dieser Bauaufgabe boten sich unterschiedliche Möglichkeiten an. Da im Westflügel nach klösterlicher Gewohnheit das Cellarium untergebracht war, fügte man zuerst das Konversenhaus jenseits desselben an und musste den Zugang der

Laienbrüder zur Kirche durch eine »Klostergasse« westlich oder östlich des Cellariums ermöglichen. Mehr und mehr rückte man aber den Speisesaal an die Stelle des Cellariums. Damit konnte man auf die Klostergasse ganz verzichten, so auch in Altzella. Wichtig war auch die funktionale Verbindung von der Küche zum Refektorium der Mönche und Konversen. In Altzella lag dieselbe zwischen Mönchs- und Konversenrefektorium. Zu ersterem und letzterem sind Öffnungen nachweisbar. Letztere, erst kürzlich entdeckte Öffnung führte in den nördlich des Ern liegenden gewölbten Raum, der vielleicht als Auditorium der Laienbrüder diente. Das von der klösterlichen Tradition geforderte Cellarium konnte man im Untergeschoss dieses Raumes und unter der Küche unterbringen und von Norden her bequem erschließen. Möglicherweise existierte auch von vornherein eine Treppe von diesen Kellern ins Erdgeschoss hinauf.

Das Klostertor

Selten ist einem Klostertor eine so monumentale Gestaltung zugedacht worden wie in Altzella. Es war im Mittelalter der einzige Eingang in den Klosterbereich, der von einer Bruchsteinmauer in einer Länge von 1325 Metern umgeben war. Diese ist bis zu zwei Meter stark und bis zu fünf Meter hoch. An der Westseite tritt die Mauer dort, wo das Klostertor angeordnet ist, ein wenig zurück. Die Stelle ist mit Bedacht ausgewählt. Das Tor liegt fast genau in der Achse der Kirche. Der Weg durch das Portal führte auf den mittleren Eingang der Kirche zu. Im Hinblick auf diesen sakralen Weg ist die feierliche Gestalt zu verstehen. Auch ist mit zu bedenken, dass nach dem Verständnis des Zisterzienserordens Sakralität nicht vorrangig nur dem Gottesdienst zukommt. Kirchen sind nur Gebetswerkstätten. Dem gesamten klösterlichen Leben - einschließlich dem Arbeiten und Wirtschaften - wurde sa-

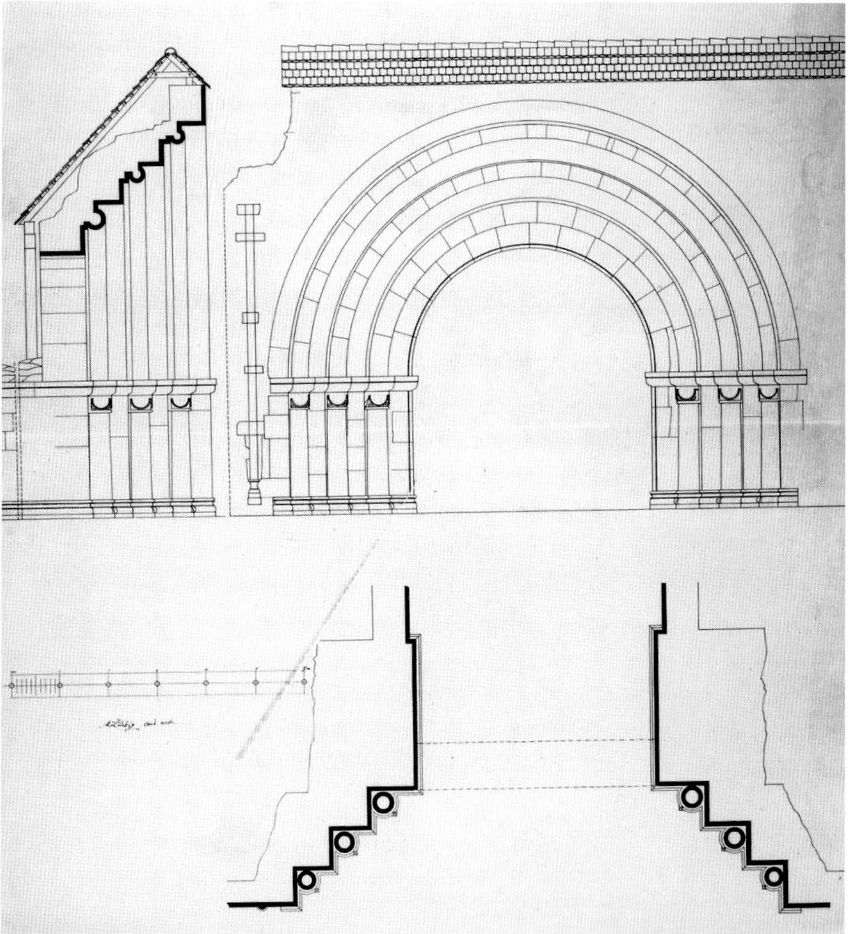

krale Bedeutung zugemessen. So konnte der Typus des gestuften Rundbogenportals mit eingestellten Säulen, als Kirchenportal im 12. Jahrhundert an cluniazensischen und hirsauischen Klosterkirchen oft als »porta coeli«, Himmelspforte, bezeichnet, hier als Klosterpforte verwendet

Klostertor, Schnitt, Ansicht und Grundriss im ergrabenen Zustand. Zeichnung von M. Zürbig, um 1900. Landesamt für Denkmalpflege Sachsen

werden. Als Vorbilder kommen wohl vor allem thüringische Beispiele wie Paulinzella oder Thalbürgel infrage. Auffällig ist dabei allerdings, dass in Altzella die Proportionen völlig geändert sind. Obwohl das Altzeller Portal um 1,60 Meter im angeschütteten Straßenniveau wie versunken erscheint, bleibt es auch im geistig rekonstruierten Zustand dabei: das Altzeller Portal wirkt viel breiter und untersetzter als die thüringischen Kirchenportale. Unterscheidend ist auch das Fehlen eines Tympanons, das bei der Breite der Durchfahrt technisch gar nicht ausführbar gewesen wäre. Auch stehen die Säulen in einem anderen Verhältnis zu den Stufungen der Gewände. Dominieren dort die Säulen und lassen die Gewändeecken zurück-

Klostertor. Zustand 1962

treten, ist hier den Stufungen des Gewändes ein Gleichgewicht gegenüber den Säulen und Rundstäben in den Archivolten eingeräumt. Diese Proportionen erinnern eher an die Goldene Pforte in Freiberg, an die man zunächst angesichts der geradezu archaischen Gesamtwirkung des Altzeller Portals gar nicht zu denken wagt. Aber wahrscheinlich ist der Rückgriff auf archaische Detailformen wie Würfelkapitelle und einfache Sockel- und Kämpferprofile ganz bewusst um der Eindrücklichkeit der Gesamtform willen erfolgt. Dabei ist das Altzeller Portal keineswegs schmucklos. Im Gegenteil: Der Architekt wählte mit Bedacht die Materialien aus, deren Farbe das Aussehen wesentlich mitbestimmten. Für die Gewände, Säulen, Basen und Kapitelle und für den innersten Bogen verwendete man den von weißen Adern durchzogenen violetten Quarzporphyr. Dadurch werden Monumentalität und Feierlichkeit wesentlich gesteigert. Bei den Wülsten in den Archivolten wechseln violette Porphyrwerksteine mit solchen in gelbem Sandstein. Die kantigen Archivolten bestehen aus fein verfugtem Backstein. Ihre Materialsichtigkeit wurde womöglich durch rote Farbe und weiße Fugenbemalung gesteigert. Allein der äußere, alles umfassende Halbkreisbogen zeigt einen Wechsel von je sieben Ziegeln mit einem Sandsteinblock. Sehr wahrscheinlich war das gesamte Portal architektonisch gerahmt. Davon hat sich links ein senkrecht aufsteigender Halbrundstab erhalten, der ursprünglich auch rechts vorhanden war und in einer übereck gestellten Sandsteinplatte - wohl wie an der Kirche ehemals ein Kreuz enthaltend - endete.

Im Jahr 1420 ließ der Abt Vinzenz Gruner einen Giebel über dem Klostertor errichten. Es handelte sich dabei um einen Treppengiebel, den Oeder noch um 1560 darstellt. Leider ist die ursprüngliche Ausgestaltung nicht bekannt. Eine Datierung dieses in der Zisterzienserarchitektur völlig singulären Falles einer Toranlage ist sehr schwierig.

Rein stilgeschichtlich gesehen könnte das Portal noch im 12. Jahrhundert entstanden sein. Vielleicht ist es aber auch eine zisterziensische Antwort auf die Goldene Pforte an der Freiberger Marienkirche, deren Proportionen dem Altzeller Portal am nächsten kommen. Da für das dort um 1225/30 entstandene reiche Skulpturenprogramm sehr wahrscheinlich der Altzeller Abt Ludeger die Themen angegeben hatte, ist es gut möglich, dass das Klosterportal dazu den Kontrast darstellen sollte. Eine Pfortenkapelle wurde 1262 den Heiligen Katharina und Agnes geweiht. Ihre Lage ist unbekannt.

Ganz ohne fortifikatorische Bedeutung war das Tor nicht, wie die Schießscharten seitlich zeigen. Auch ist überliefert, dass es vor dem Portal einen Trockengraben und einen Wall gegeben haben soll. Hier wurde bald nach 1400 die fünfeckige Betsäule aufgerichtet, die Ludwig Richter auf seinen Bleistiftzeichnungen von 1828 noch an der alten Stelle darstellt. Heute steht sie auf einem Hügel im Klosterpark.

Die Wirtschaftsbauten

Im nördlichen Teil der Klosteranlage erheben sich die Ruinen zweier in Bruchstein errichteter Klosterscheunen, die erste und ältere ist die östliche mit Giebeln an der Süd- und Nordseite, die längere ist nachträglich im rechten Winkel westlich angebaut worden. Sie besitzt nur einen Giebel im Westen. Ihr Dachstuhl war im Osten wohl mit dem der älteren Scheune verbunden. Ausdrucksvoll sind die beiden Giebel der älteren Scheune gestaltet. Während die Längsseiten nur schießschartenähnliche kleine Öffnungen aufweisen, kann man an den Giebelseiten durch große rundbogige Öffnungen mit Erntewagen einfahren. Der südliche ist ein Treppengiebel, der nördliche ist an der Spitze mit einem kleinen Kreuz geziert. Zwischen dem zweiten und dritten Boden –

linke Seite: Klostertor, 1960
ergrabenes südliches Gewände vom Nordosten

Klosterscheunen vom Süden

ihre Lage zeichnet sich im Giebelinneren noch ab – sitzen zwei rundbogige Öffnungen, über dem dritten Bodengeschoss liegt ein weiteres Rundbogenfenster. Die drei Fenster mit gestuften Backsteingewänden verleihen dem schlichten Wirtschaftsbau eine einprägsame, geradezu sakrale Würde. Von besonderem Belang ist der noch in großen Partien erhaltene glatte romanische Außenputz,

der über den Bogenöffnungen eine eingeritzte Quaderung aufweist. Die Ziegelgewände der Fenster sind vom Putz frei gehalten. Sehr wahrscheinlich ist dieses Kornhaus in der ersten Hälfte des 13. Jahrhunderts entstanden. Schlichter ist der westliche Giebel der später angebauten Scheune. Vielleicht ist sie mit dem Vorratshaus identisch, das Abt Vinzenz Gruner bauen ließ.

Die Klosteranlage vom 14. Jahrhundert bis zur Reformation

Historische Situation

Das späte Mittelalter bedeutete für das Kloster Altzella eine Zeit fast ununterbrochener Blüte. Sie beruhte auf einer klugen Wirtschaftspolitik des Erwerbs und der Abrundung von Landbesitz, der immer weniger im Sinne der Ordensideale in Eigenwirtschaft bearbeitet, sondern gegen Abgaben und Dienstleistungen Bauern überlassen oder verpachtet wurde. Das Institut der Laienbrüder – ehemals für die Eigenwirtschaft der Zisterzienser unentbehrliche Voraussetzung – trat dagegen mehr und mehr zurück. Die gewerbliche Tätigkeit im Kloster nahm in dieser Zeit einen besonderen Aufschwung. Unter den verschiedenen Gewerbezweigen, die in Zusammenhang mit Bauten genannt werden, scheinen Tuchmacherei und Weberei besonders bedeutsam gewesen zu sein, wobei der Kontakt zu den umliegenden Städten eine Rolle gespielt hat. Das Kloster konnte die Stadtherrschaft von Roßwein (1293), Nossen (1430) und Siebenlehn (Schenkung 1388 und endgüliger Kauf 1500) an sich bringen. Der Abt wurde zum Verwalter, Gerichtsherrn und Repräsentanten eines gewaltigen Klosterbesitzes, obwohl er bei allen guten Beziehungen des Klosters zu den wettinischen Landesherren immer mehr in deren politische Abhängigkeit geriet. Durch die bis ins späte 14. Jahrhundert andauernde Nutzung der Altzeller Klosterkiche als Begräbnisstätte der Wettiner festigte sich die Bedeutung von Altzella als wettinisches Hauskloster. Dem Meißner Bischof gegenüber konnte das Kloster seine exemte Stellung behaupten. Jahrzehntelang währte ein Streit um die Ablösung des Klosters von der von den Bischöfen über Gebühr beanspruchten Gastung für sich und das bischöfliche Gefolge.

Die Gastfreundschaft gegenüber allen Reisenden stellte einen bedeutsamen Negativposten für das Wirtschaftsleben dar. So wurden binnen dreier Jahre 14 000 Reisende zu Pferde und 20 000 zu Fuß beherbergt und beköstigt.

Aus der Reihe der Äbte ragen Persönlichkeiten wie Vinzenz Gruner (1411–1442), Martin von Lochau (1493 bis 1522) und Paulus Bachmann (1522–1537) besonders heraus. Vor Beginn seiner Zeit als Abt stand Vinzenz Gruner mit der Universität Prag in Kontakt, war beteiligt an der Organisation des Auszugs der deutschen Studenten 1409 nach Leipzig, wurde dort 1410 Dekan und kurz darauf Rektor der Universität. Seit 1409 ersetzte die Altzeller Klosterschule das bis dahin an der Prager Universität angesiedelte Zisterzienserkolleg St. Bernhard. An ihr wirkte der als Gelehrter bekannte Zisterzienser Matthäus von Königssaal. Ein eigenes Zisterzienserkolleg wurde dann 1427 in Leipzig eröffnet. Martin von Lochau, Dr. der Theologie, als Humanist den Künsten und Wissenschaften besonders zugetan, stand im Briefwechsel mit berühmten Humanisten in ganz Europa, zog Gelehrte an seine Klosterschule, förderte das Leipziger St. Bernhardskolleg und machte sich um die Klosterbibliothek in Altzella verdient. In der »Malerei« arbeitete man an Gemälden und Altären für das Kloster und die umliegende Gegend. Das Skriptorium von Altzella erlebte mit den Handschriften und Buchmalereien von Johannes Helbig eine hohe Blüte. Als Kirchenmusiker machten sich Michael Meurer, Michael Schmeltzer und Andreas Ornithoparch einen Namen. Die Person des vorletzten Abtes Paulus Bachmann lebt im Gedächtnis fort durch seinen polemisch geführten Streit mit der lutherischen Reformation, besonders mit Martin Luther selbst. Andererseits war er aber auch ein Förderer der Renaissance, wie das jetzt an der Schreiberei angebrachte Portal vom Abtshaus in Roßwein zeigt, das auf das Jahr 1537 datiert ist. Das Sitznischenportal ist vom Stil des Georgentores in Dresden beeinflusst.

Schreiberhaus, Renaissanceportal vom Abtshaus in Roßwein, 1998 hierher versetzt

Umbauten an der Kirche – die Andreaskapelle und andere Kapellen

Einen gotischen Umbau bezeugt die Darstellung des Kirchenwestgiebels von Johann Gottfried Klinsky. Die Kirche erhielt in der Mitte des 14. Jahrhunderts einen steileren Dachstuhl und im Westgiebel ein Spitzbogenfenster. An der Traufe des Westgiebels wurde bei der Neuformierung des Giebels ein jüdischer Grabstein wieder verwendet. Grund für die Veränderung könnten Schäden am Dachstuhl gewesen sein, die ein in den Quellen für das Jahr 1335 überlieferter Sturm angerichtet hatte. Der wohl in der Mitte des 13. Jahrhunderts gearbeitete jüdische Grabstein stammt, so wird man annehmen dürfen, von einem Judenfriedhof, der im Zusammenhang mit den Judenprogromen in der Mitte des 14. Jahrhunderts verwüstet worden war. Seine Wiederverwendung an so repräsentativer Stelle kann nicht zufällig sein. Sie demonstriert die »Überwindung« des Alten Bundes durch den Neuen.

Wenig früher fassten die Wettiner den Plan, südwestlich an die Kirche anschließend eine neue Begräbniskapelle zu bauen. Ihre Weihe im Jahre 1349 stand offensichtlich im Zusammenhang mit dem Begräbnis Markgraf

Klosterkirche und Winterrefektorium, Westansicht, Rekonstruktion des Zustands um 1540. Landesamt für Denkmalpflege Sachsen

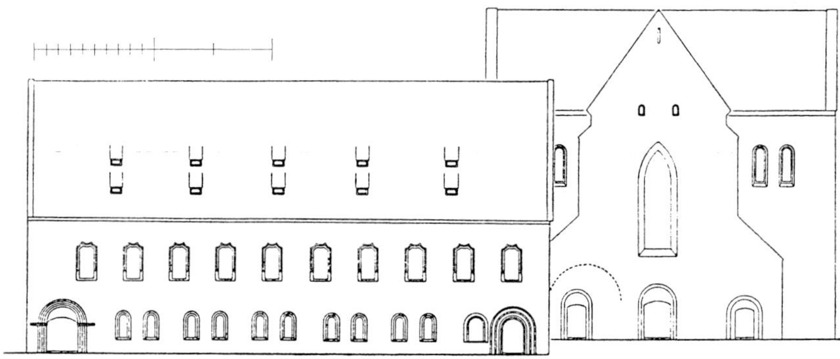

Teil des Grabsteins wohl eines im 13. Jahrhundert verstorbenen Juden, als Traufgesims im Westgiebel Mitte des 14. Jahrhunderts wieder verwendet

Friedrichs des Ernsten, aber schon 1339 war sie im Bau, und bereits 1346 ist seine Gemahlin Mechthild hier bestattet worden. Die Kapelle war ein außerordentlich reich ausgestatteter zweischiffiger Raum von drei Gewölbejochen mit plattem Ostschluss und ähnelte so zweischiffigen Bettelordenskirchen. Die wenigen erhaltenen Details und Schmuckformen, eine Wandkonsole und ein Schlussstein sowie Reste vom Fenstermaßwerk, sprechen für einen stilgeschichtlichen Zusammenhang mit dem Bau des Meißner Domlanghauses. Ein Schlussstein mit torsierendem Blattwerk aus der Andreaskapelle ist dem Schlussstein im vierten Joch des nördlichen Seitenschiffes des Meißner Domes sehr ähnlich.

Unter einer Tumba ruhten Markgraf Friedrich der Strenge, gestorben 1381, und seine Gemahlin Katharina, gestorben 1397. Obwohl diese Tumba nach der Reformation schwer zerstört worden ist, gelang es kürzlich, aus den Fragmenten, die man 1786 ausgegraben hatte, und aus dem Vergleich mit zeitgenössischen Grabdenkmalen eine Grabfigur des Markgrafen zu rekonstruieren. Mit diesem Begräbnis stand ein Corpus-Christi-Altar in Zusammenhang.

Den Wettinern eiferten verschiedene Adelsfamilien durch Stiftungen von neuen Altären in der Kirche und in

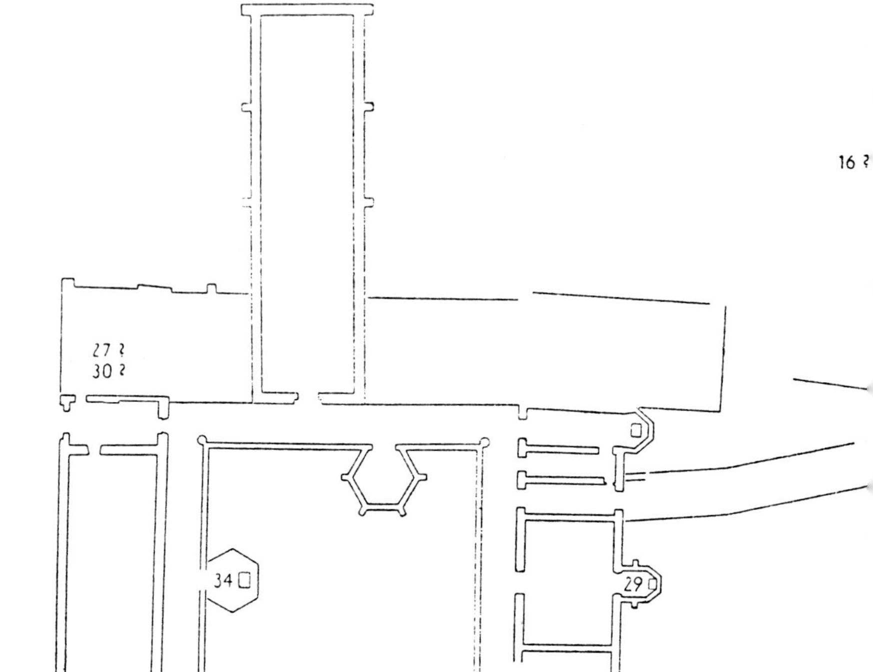
16 ?
27 ?
30 ?
34
29
1
2
10
35
14
24
25
20
5
9
22
11
8
7
28
6 ?
3
4
21
6 ?
13
33
18
31 ?
32 ?

Altäre innerhalb der Klausur und ihrer Umgebung, um 1540

1 Johannes Ev., Donatus 1175
2 Petrus, Paulus 1177
3 Benedictus, Gregorius, Silvester, Ambrosius 1180
4 Martinus, Nicolaus 1180
5 Maria, Omnes Sancti 1198
6 Stephanus, Laurentius, Erasmus, Gertrudis 1198
7 Thomas Ep. et Mart., Otto 1198
8 Bernhardus, Malachias 1198
9 Crux, Johannes Bapt. 1198
10 Augustinus, Hieronymus 1198
11 Pancratius, Wenzeslaus 1198
12 Maria Magdalena, Lucia 1198
13 Michael, Omnes Beati Spiritus 1218
14 Felix et Adauctus, Dorothea, Mitte 13. Jh.
15 Philippus, Jacobus, Elisabeth 1266
16 Simon, Juda, Jacobus, Bartholomäus
17 Omnes Sancti, Georgius, Christopherus 1325
18 Andreas, Thomas Ap., Matthäus, Matthias 1349
19 Lazarus, Maximinius, Maria Magdalena, Martha 1357
20 Barbara 1367
21 Corpus Christ 1381
22 Bartholomäus, Nicolaus Ende 14. Jh.
23 Trinitas, Johannes Ev., Andreas, Bernhardus, Maria Magdalena, Elisabeth, Barbara 1393
24 Spiritus Sanctus, Visitatio Mariae, Cyriacus et Socii 1393
25 Quatuor Evangelistae, Vincentius, Anna Margaretha, Julia 1402
26 Andreas, Mauritius et Socii, Erhardus, Alexius, Appollonia, Ottilia 1410
27 Sancti Tres Reges, Innocentius, Fabianus, Sebastianus, Dionysius et Socii, Georgius, Barbara 1424
28 Conceptio Mariae, Barnabas, Vitus, 10 000 Milites, Johannes et Paulus Mart., Robertus, Egidius, Hedwigis 1432
29 Passio Domini, Compassio Mariae et Johannis Ev. et Omnium Martyrum 1441
30 Circumcisio Christ, Annunciatio Mariae, Ignatius Mart., Antonius 1441
31 Resurrectio Christi, Natavitas Mariae, Blasius, Alexius, Scholastica 1441
32 Ascensio Christi, Assumptio Mariae, Valentinus, Urbanus, Brigitta 1441
33 Nativitas Christi, Purificatio Mariae, Franciscus, Dominicus 1443
34 Gerhardus, Antonius, Paulus Er. 1472
35 Anna, Omnes Beati Patriarchae et Prophetae 1508

Landesamt für Denkmalpflege Sachsen

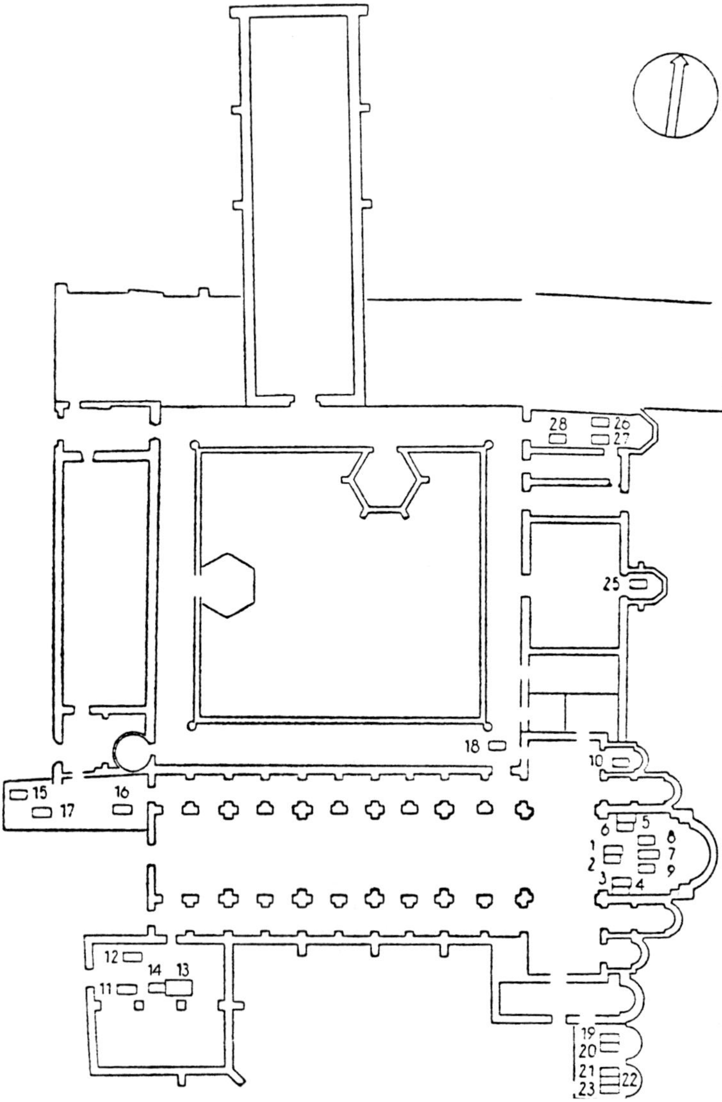
1
2
3
4
5
6
7
8
9
10
11
12
13
14
15
16
17
18
19
20
21
22
23
25
26
27
28

Durch Ausgrabungen nachgewiesene Bestattungen innerhalb der Klausur

1 Markgraf Otto der Reiche, gest. 1190
2 Markgräfin Hedwig, gest. 1203
3 Markgraf Albrecht der Stolze, gest. 1195
4 Markgräfin Sophia, gest. 1195
5 Markgraf Dietrich der Bedrängte, gest. 1231
6 Markgräfin Jutta, gest. 1235
7 Markgraf Heinrich der Erlauchte, gest. 1288
8 Markgräfin Agnes, gest. 1268
9 Markgräfin Elisabeth, gest. 1333
10 Unbekannte, wohl fürstliche Personen
11 Markgraf Friedrich der Ernste, gest. 1349
12 Markgräfin Mechthild, gest. 1346
13 Markgraf Friedrich der Strenge, gest. 1381, und Markgräfin Katharina, gest. 1397
14 Prinz Friedrich
15 Hans Truchseß von Borna, gest. um 1400
16 Hans Truchseß von Borna, gest. 1424
17 Heinrich Truchseß von Borna, gest. 1581
18 Adelheid von Luppe, gest. 13. Jh.
19 Angehöriger der Familie von Schönberg
20 Angehöriger der Familie von Schönberg, gest. 14., 15. Jh.
21 Angehöriger der Familie von Schönberg, gest. 16. Jh.
22 Angehöriger der Familie von Schönberg
23 Angehöriger der Familie von Schönberg
24 Hans von Zeutzyn, genannt Grose von Dobelyn, gest. Mitte 14. Jh.
25 Abt Vinzenz Gruner, gest. 1441
26–28 Unbekannte, wohl adlige Person, gest. 14. oder 15. Jh.

Landesamt für Denkmalpflege Sachsen

Grabstein zweier Herren von Borna, Hans, gest. um 1400, (rechts), und Hans, gest. 1424, (links)

eigenen Kapellen nach. Aus der Truchseßkapelle, der ehemaligen Konversenvorhalle, stammen drei heute im Konversenhaus aufgestellte Grabplatten eines um 1400 gestorbenen Hans und eines weiteren, 1424 gestorbenen Hans von Borna. Beide sind ganzfigurige Ritterdarstellungen. Von einem 1518 verstorbenen Heinrich von Borna stammt ein Wappengrabstein. Dagegen haben sich die Grabdenkmäler derer von Schönberg aus ihrer Kapelle, die südlich der Michaelskapelle lag, nicht erhalten. Die sechseckige Lazaruskapelle auf dem Friedhof, die 1357 geweiht worden war und in der Hans von Zeutzyn begraben lag, ist verschwunden. Dagegen ist die Kapelle am Kapitelsaal mit ihrem der Passion Christi 1441 geweihten Altar und dem Grab des Abtes Vinzenz Gruner zugänglich. Noch jünger ist eine sechseckige Kapelle, die an den Westflügel des Kreuzganges anschloss und den Heiligen Gerhardus, Antonius und Paulus dem Eremiten 1472 geweiht war. Die Chroniken berichten von einer reichen Ausgestaltung der Kirche mit Epitaphien und Grabinschriften. Kürzlich wurden aus den Fundamenten des Mausoleums zwei

Torso einer Madonnenskulptur, Ende 14. Jahrhundert, im Fundament des Mausoleums aufgefunden (links)

Torso der Figur eines Heiligen, Ende 14. Jahrhundert, im Fundament des Mausoleums aufgefunden (rechts)

Torsen überlebensgroßer Steinfiguren geborgen. Die eine stammt von einer Madonnenskulptur, die andere von einem oder einer bisher nicht identifizierten Heiligen. Am ehesten käme die heilige Katharina infrage. Die qualitätvollen Stücke des späten 14. Jahrhunderts müssen aus dem Chor der Kirche stammen. In spätmittelalterlicher Zeit wurde auch der Kreuzgang mit Wandmalereien, die Wundergeschichten aus dem Zisterzienserorden darstellten, ausgeschmückt.

Bauten südlich der Klausur

Die eigenartige Lage der Andreaskapelle, die man auch Neue Fürstenkapelle nennt, wird verständlich, wenn man sich vergegenwärtigt, dass in ihrer unmittelbaren Nähe das in den letzten Jahren ausgegrabene Gästehaus lag, den archäologischen Funden zufolge ein großer rechteckiger Baukörper. Von ihm wissen wir aus den Inventaren der Reformationszeit, dass es hier einen Saal, eine Fürstenstube und eine Fürstenkammer gegeben hat, die

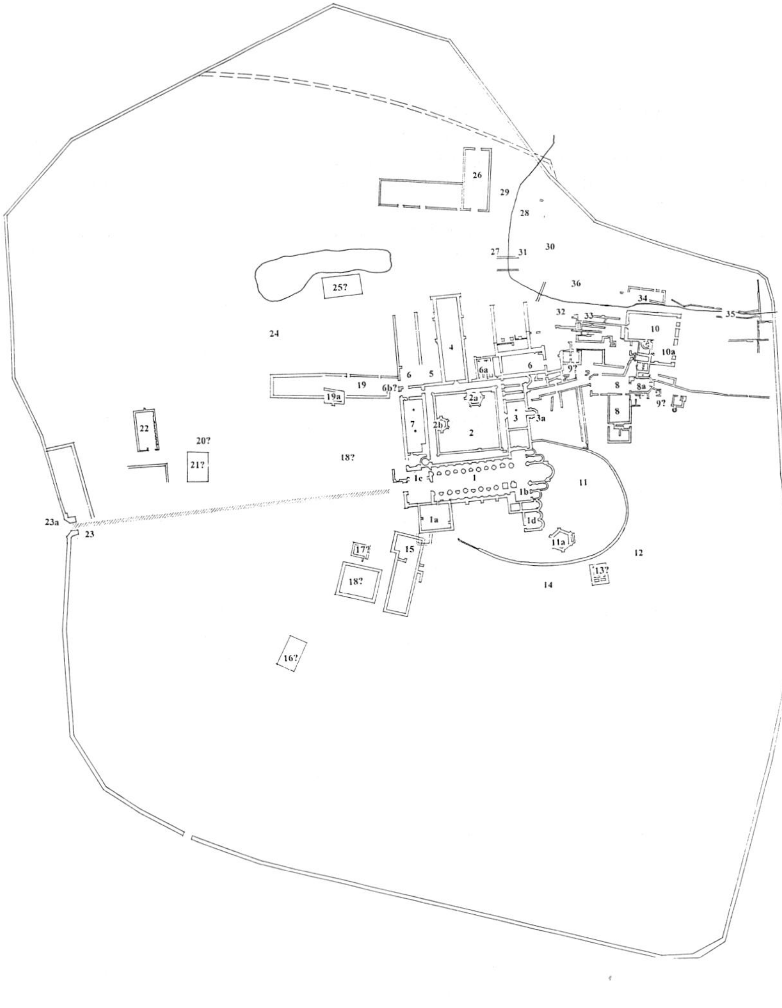

26
29
28
27
31
30
25?
36
34
32
33
35
10
24
4
6a
6
9?
10a
6
5
19
6b?
8
8a
19a
2a
9?
7
3
3a
8
22
2b
2
20?
21?
18?
1c
1
11
1b
23a
23
1a
1d
11a
17?
15
12
18?
13?
14
16?

Vermutliche Lage von mittelalterlichen Bauten im Klostergelände, die in Quellen genannt sind, und Kapellen mit ihren Altarpatrozinien außerhalb der Kirche unter Berücksichtigung der bis 1999 ergrabenen Bauten:

1 Klosterkirche
1a Andreskapelle, auch Fürstenkapelle oder Neue Fürstenkapelle genannt, mit Altären: Andreas, Thomas, Matthias 1349, Corpus Christi 1381, Nativitas Christi, Purificatio Mariae, Franciscus, Dominicus,
1b Michaelskapelle mit Altar Michael, Omnes Beati Spiritus 1218
1c Konversenvorhalle, auch Truchseßkapelle genannt, mit Altar Felix und Adauctus, Dorothea 1463
1d Grabkapelle derer von Schönberg, manchmal als zur Michaelskapelle gehörig bezeichnet, mit Altären: Resurrectio Christi, Nativitas Mariae, Blasius, Alexius, Scholastica 1441, Ascensio Christi, Assumptio Mariae, Valentinus, Urbanus, Brigitta 1441
2 Klausurgebäude mit dem Kreuzgang in der Mitte
2a Brunnenkapelle
2b Kapelle am Kreuzgang mit Altar Gerhardus, Antonius, Paulus Er. 1472
3 Kapitelsaal
3a Kapelle am Kapitelsaal mit Altar Passio Domini, Compassio Mariae, Johannes Ev., Omnes Martyres 1441
4 Sommerrefektorium
5 Küche, darunter Keller
6 Keller
6a Heizanlage
6b Dreikönigskapelle mit Altar Trium Regum, Fabianus, Sebastianus, Dionysius et Socii, Gregorius, Barbara »in lectione conversoram«, 1424, vielleicht identisch mit »auditorium iuxta coquinam« mit Altar Circumcisio, Annunciatio Mariae, Ignatius, Antonius, Prisca 1441
7 Konversenhaus, Winterrefektorium
8 Siechenhaus mit Siechenhauskapelle und Apotheke
8a Kapelle im Siechenhaus mit Altären: Maria Magdalena, Lucia 1198, Philippus, Jacobus, Elisabeth 1266, Kapelle im Neuen Siechenhaus, manchmal auch Abtskapelle genannt, Omnes Sancti, Georgius, Christophorus 1325, Andreas, Mauritius et Socii, Erhardus, Alexius, Apollonia, Ottilia 1410
9 Paradiesgarten
10 Abtei und Wasserburg
10a Abtskapelle mit Altar Trinitas, Johannes Ev., Andreas, Bernhardus, Maria Magdalena, Elisabeth, Barbara 1393
11 Friedhof
11a Kapelle auf dem Friedhof, Beinhaus, mit Altar Lazerus, Maximinius, Maria Magdalena, Martha 1357
12 Gelände der Ziegelei mit Ziegelscheune
13 Kalkhaus und Tischlerei
14 Malerei und Küsterei
15 Gästehaus
16 Försterei
17 Schusterei
18 Vogtei
19 Mälzerei mit Haferhaus und Backhaus, daneben Kapelle derer von Heinitz, früher vielleicht Lehrsaal der Laienbrüder mit Dreikönigskapelle
19a Kapelle derer von Heinitz »unterm Haberhaus«, vielleicht identisch mit 6b
20 Schmiede
21 Schirrhaus
22 Böttcherei
23 Klostertor
23a Pfortenkapelle mit Altar Katharina, Agnes 1262, später Altar Georgius, Christophorus
24 Bursarienhäuschen
25 Struthof
26 Kornhaus
27 Mühle
28 Walkmühle
29 Gerberei
30 Weberei
31 Bäckerei
32 Brauhaus
33 Schlacht- oder Fleischhaus
34 Press- und Waschhaus
35 Klostergraben
36 Kapelle Simon et Juda, Jacobus, Bartholomäus 1280 »inter curiam Domini abbatis et furnaria«

Zeichnung Büro Gerschler, Freiberg. Landesamt für Denkmalpflege Sachsen

die Wettiner bei ihrem Aufenthalt in ihrem Hauskloster bewohnt haben werden. Zwar konnte zu dieser Zeit auch der Abt in seinem Abtsgebäude Fürsten empfangen und beherbergen, doch möglicherweise waren das dann mehr offizielle Gäste des Klosters. Vor der Erbauung des Gästehauses im 14. Jahrhundert befanden sich an dieser Stelle Ziegelbrennöfen, in denen die für die Klostergebäude benötigten Ziegel gebrannt worden sind. Im späteren Mittelalter wurde die Ziegelei nach Osten verlegt und dabei der Friedhof, der sich früher etwas weiter nach Süden erstreckte, verkleinert. Südöstlich vom Friedhof liegen noch heute wohl nachmittelalterliche Ziegelscheunen. In deren Nähe fand man ein kleines Gebäude mit gewölbtem Keller, vielleicht das Kalkhaus. In diesem Bereich sind auch die in den Inventaren genannten Gebäude, die Küsterei, die Tischlerei und die Malerei zu suchen. Die zahlreichen Schnitzaltäre, die für Altzella bezeugt sind und die offenbar auch für die Umgebung hergestellt wurden, müssen hier entstanden sein. Mit dem Gästehaus zusammen werden in den Inventaren stets Schusterei und Försterei genannt. Die Försterei könnte vielleicht mit dem späteren »Fröhnerstall« identisch sein, denn an seiner südlichen Stirnseite zeigten sich 1998 mittelalterliche Reste mit einer Spitzbogenöffnung. Ob das im Grundriss fast quadratische Gebäude westlich des Gästehauses die Vogtei gewesen ist, kann ebenfalls nicht sicher behauptet werden. Möglich wäre auch ihre Lage im Bereich des heutigen Wirtschaftshofes. Ein kürzlich entdeckter Wasserkanal zieht von einer Zisterne östlich der heutigen Scheune aus in Richtung Norden.

Bauten östlich der Klausur

Ein wichtiger Bau des 14. Jahrhunderts war die 1325 neu geweihte Siechenhauskapelle Aller Heiligen. Sie ersetzte möglicherweise eine ältere Krankenkapelle, deren

Ruinenreste der Siechenhauskapelle vom Westen

Altarpatrozinien sie übernahm. Sie stand mit einem Krankensaal in Verbindung und besaß einen polygonalen Ostschluss. Ihre Lage – ziemlich exakt westlich des Durchgangs im Ostflügel der Klausur – ist typisch für zisterziensische Krankenkapellen. Der Parkgärtner Hübler ergrub in der Zeit um 1800 die Grundmauern eines Ganges, der von diesem Durchgang aus nach Osten führte, und zwar nördlich am Krankensaal vorbei. Man konnte also trockenen Hauptes von der Klausur zum Krankenhaus und zu der unmittelbar daneben liegenden Abtei gelangen. Ein südlich an die Krankenkapelle anschließender Trakt des Infirmitoriums war wohl jüngeren

Nossen, Kirche, Südseite, Konsole mit der Darstellung eines Abts, wohl von der Siechenhauskapelle im Kloster Altzella

Datums und diente der Einzelpflege kranker Mönche. In diesem Bauzusammenhang wird auch eine Apotheke und eine Badestube genannt. Die Siechenhauskapelle wurde 1563 von Kurfürst August der Kirchgemeinde Nossen zum Chor der neu zu erbauenden Stadtkirche geschenkt. Offenbar ist diese Übertragung auch durchgeführt worden. Die seit 1719 an der Südseite der nun wiederum neu erbauten Kirche angebrachten Konsolen stammen sehr wahrscheinlich vom Chor der Siechenhauskapelle. Sie wird wegen ihrer Nähe zum spätgotischen Abtsgebäude auch mehrfach Abtskapelle genannt.

Die düsteren Gemäuer der Abtei stammen – soweit erkennbar – von einem zweiflügligen Gebäude mit einem im Winkel gelegenen Wendelstein. Im Anschluss an einen vielleicht im Obergeschoss befindlichen Saal der Abtei existierte eine der Dreieinigkeit 1393 geweihte Kapelle.

Ruine der Abtei vom Südosten

Ein Teil, wohl der östliche, wird in den Quellen »Wasserburg« genannt, vielleicht wegen des östlich davon gelegenen Teiches, der sich noch heute im Park als Mulde abzeichnet. Dieser Bau war gewiss spätgotisch. In den großen Fensterhöhlen muss man sich Gewände von Vorhangbögen vorstellen. Westlich und nördlich an die Abtei schlossen sich Küchen- und Wirtschaftsgebäude an. Den Inventaren zufolge befand sich in unmittelbarer Nähe zu Siechenhaus und Abtei der Paradiesgarten mit einem Gang, der mit grünen Ziegeln gedeckt war. Entweder handelte es sich um den Bereich nördlich des Ganges vom Ostflügel der Klausur zur Abtei oder um das Gelände südöstlich der Siechenhauskapelle, wo Hübler einen Brunnen fand. Hier vermerken die sonst so nüchternen Inventare des 16. Jahrhunderts eine »Fontana uff welsch zugericht«, einen Lustgang, ein Badestüblein mit Wanne und eine Sommerlaube.

Der Umbau des Konversenhauses zum Winterrefektorium und zur Bibliothek und Bauten westlich der Klausur

Der historische Hintergrund für diesen noch heute das Gesicht des Klosters Altzella mitbestimmenden Umbau ist der Niedergang des Konverseninstituts im Zuge des Aufschwungs der Städte. Die geringe Anzahl der Konversen wurde nun meist zur Verwaltung und zu Hausdiensten herangezogen. Aber noch 1424 wurde eine Dreikönigskapelle »in lectione conversorum« geweiht. Damit war sicher ein bestimmter Raum gemeint, der wohl nordwestlich des Konversenhauses lag. Er ist möglicherweise mit einem »auditorium iuxta coquinam«, wo 1441 ein weiterer Altar geweiht wurde, identisch, denn die Küche hat wohl bis zur Auflösung des Klosters im Nordflügel, westlich des Sommerrefektoriums gelegen. Schon 1472 wurde das Konversenrefektorium als Winterrefektorium benutzt.

Unterbauten für einen Ofen fanden wir in der Südostecke. Von sieben langen Tafeln ist gegessen worden. Die Speisen wurden auf einer hölzernen Trage herbeigeschafft.

Der Umbau des Obergeschosses ist durch eine im originalen Putz ausgeführte Bauinschrift auf das Jahr 1506 sicher datiert. Man nahm den alten Dachstuhl ab, erhöhte das Backsteinmauerwerk mit Bruchstein und veränderte die Fensterreihe an der Westseite so, dass statt der 21 kleinen Rundfenster zehn hohe Vorhangbogenfenster traten. An der Ostseite sind nur wenige, unterschiedlich große Fenster angeordnet. Hier war auf den Ansatz von Dächern im Kreuzgangbereich Rücksicht zu nehmen. Ein steiles, von vornherein mit Schiefer gedecktes Dach schließt den Bibliotheksbau ab. Der Dachstuhl mit seinen drei Böden darf als besonderes Meisterwerk der Zimmermannskunst gelten. Die Reihe der mittleren Hängesäulen wurde über dem Saal im Obergeschoss abgefangen, weil man diesen stützenlos ausbauen wollte. Auf diesen Bibliothekssaal kam es bei dem Umbau an. Er ist nun durch eine Tür im Kreuzgang und eine repräsentative Wendeltreppe aus Sandstein in der Südostecke erschlossen. Der weite, helle Raumeindruck wird durch die westliche Fensterreihe und die Folge der reich profilierten Holzbalken der Decke bestimmt. Die hellen Wände und die Holzdecke blieben ohne jede Bemalung und konzentrierten die Aufmerksamkeit auf die Zweckbestimmung als Lesesaal einer typisch gotischen Studienbibliothek. Auf 28 Pulttischen – wohl in zwei Reihen mit Mittelgang – waren die etwa 1000 Bände zur Benutzung vor Ort ausgelegt. Für Neuerwerbungen standen weitere acht Pulte leer da. Der Saal war eine wahre »Schatzkammer« von Handschriften und Drucken unterschiedlicher Wissensgebiete. Der Bücherschatz wurde nach der Reformation der Universität Leipzig übergeben und bildet noch heute einen Grundstock der Handschriftenabteilung der Universitätsbibliothek.

Konversenhaus, Dachstuhl, mittlerer Boden

Bibliothekssaal im ehemaligen Konversenhaus vom Süden

Auch im Äußeren entbehrt der in einem hellen Gelb gestrichene Bau durch unterschiedliche Putzstrukturen nicht eines ansprechenden Charakters. Alle Wandflächen, auch das Backsteinuntergeschoss an der Westseite und die Bruchsteinwände der Ostseite, erhielten einen rauhen Putz, von dem sich die glatten Fensterfaschen, das Hauptgesims und der sich darunter entlang ziehende Fries mit um einen Stab gewundenem Blattwerk und Lilienblättern wirkungsvoll abheben. An der Ostseite hat sich diese Putzgestaltung von 1506 noch relativ gut erhalten, an der Westseite ist sie 1995 im Obergeschoss rekonstruiert worden.

Die Bauten westlich des Konversenhauses geben hinsichtlich des mittelalterlichen Zustandes nach wie vor Rätsel auf. Archäologische Untersuchungen südlich des um 1806/07 errichteten Gesindehauses ergaben, dass ein Mauerzug wohl bereits aus dem 13. Jahrhundert in Ost-Westrichtung im Abstand von nur 5 Meter vom Konversenhaus ansetzte und sich nach Westen zog. Südlich schloss sich eine kleine rechteckige Kapelle an. Dieser mittelalterliche Bau nutzte wahrscheinlich die nach Norden abfallende Geländeschwelle und setzte in etwa den Nordflügel der Klausur nach Westen hin fort. Aufrecht stehende Backsteinmauern mit Fensteröffnungen innerhalb eines heutigen Schuppens westlich des Gesindehauses müssen von der Nordseite dieses lang gestreckten Baues stammen, der allerdings nicht unbedingt in einem Zuge entstanden sein muss. Sein Westende befand sich im Bereich der nördlichen Erweiterung des Pächterhauses. Sehr wahrscheinlich haben sich die Zweckbestimmungen dieses Baues, der 1599 als Mälzerei einem Brand zum Opfer fiel, schon im späteren Mittelalter gewandelt. In nach der Reformation entstandenen Inventaren ist die Mälzerei im Zusammenhang mit dem Haferhaus und Backhaus sowie der Kapelle derer von Heinitz genannt. Früher könnte sich hier auch ein im 15. Jahrhundert eingerichtetes Auditorium der Laienbrüder mit der 1425 geweihten Dreikönigskapelle befunden haben, die aber wohl nicht mit der älteren Rechteckkapelle identisch sein kann. Sicher jedenfalls ist, dass mit diesem mittelalterlichen Bau der erste Schritt zu einer Hofanlage westlich des Konversenhauses getan worden ist. Da die Kontinuität der Nutzung der mehrfach umgebauten Böttcherei mit ihren drei tonnengewölbten Kellern ziemlich sicher ist, können die in den Inventaren stets im Zusammenhang genannten Gebäude von Schmiede und Schirrhaus nicht weit entfernt gelegen haben und sind vielleicht mit dem heutigen Pferdestall und dem nördlich davon ermittelten

Gebäude identisch. Nach der Reformation wurde dieser Bau als Brauhaus genutzt. Im Mittelalter lag ein solches wohl in der Nähe des Klostergrabens.

Von den westlich der Klausur liegenden Bauten ist schließlich die Pfortenkapelle, die 1262 geweiht worden ist, bemerkenswert. Vielleicht befand sie sich - wie anderswo bei den Zisterzienserklöstern - außerhalb der Klostermauer. Seitlich an die Toranlage anschließend werden neuerdings lang gestreckte Bauten vermutet. Das eine war vielleicht ein Krankenhaus für die Gäste.

Bauten nördlich der Klausur

Hierbei handelt es sich um Gebäude, die in der Talaue - teils in der Nähe der Scheune des 13. Jahrhunderts, teils am Klostergraben - aufgereiht lagen. Bei den Scheunengebäuden und dem kleinen Teich muss sich der Struthof befunden haben. Hier stand den Plänen des 18. Jahrhunderts zufolge ein kleiner rechteckiger Bau, der Fuchszwinger. Auch das Bursarienhäuschen ist in dieser Gegend zu suchen.

Am Oberlauf des Klostergrabens, den man sich im Mittelalter als kräftig wasserführenden Fluss vorstellen muss, lagen in der Nähe der Abtei das Press- und Waschhaus sowie das Schlacht- und Fleischhaus, gefolgt vom Brauhaus. Die Bäckerei stand nach Grabungsbefunden des 19. Jahrhunderts nördlich des Grabenknies. Am Unterlauf des Grabens müssen Mühle, Walkmühle und Gerberei gelegen haben, in der Nähe auch die Weberei.

Die Klosteranlage nach der Reformation

Abbrüche von Klosterbauten und die Herausbildung des kurfürstlichen Kammergutes

Der Auflösung des Zisterzienserklosters durch die lutherische Sequestrationskommission des Herzogs Heinrich am 18. Februar 1540 folgte in mehreren Schritten der Abbruch der meisten Gebäude des Klosters und die Herausbildung eines neuen Wirtschaftshofes im Westteil der alten Anlage. Diese Entwicklungen können hier nur in groben Zügen nachgezeichnet werden. In den ersten Jahrzehnten nach der Auflösung haben noch immer einige ältere Mönche, die nicht zum neuen Glauben übergetreten waren, in den bald zerfallenden Klostergebäuden gewohnt. Die Verwaltung des Stiftsgebietes wurde 1555 auf das Schloss Nossen übertragen. In den Neubau des dortigen Amtsschlosses übernahm man seit 1554 Materialien der abgebrochenen Bauten in Altzella. In den Sechzigerjahren wurde die Allerheiligenkapelle als Chor für die Kirche in Nossen wieder verwendet. Andreas Lorenz, Stadtbaumeister von Freiberg, leitete diese Baumaßnahme, bei der auch zwei Portale, eines vom Kapitelsaal, das andere vom Sommerrefektorium, in die Stadtkirche von Nossen übernommen wurden. Die innere Ausstattung der Kirche und der Kapellen – Glocken, Altäre, Skulpturen und Bilder – waren schon seit den Fünfzigerjahren vom Kurfürsten an verschiedene Kirchgemeinden verschenkt worden. So kamen zum Beispiel die Glocken in die Frauenkirche nach Dresden. Zu dieser Zeit wollte man aber die Kirche auch weiterhin als Begräbnisstätte der Wettiner baulich erhalten. Ein Brand der Nossener Kirche 1577 führte jedoch zu einer weiteren Welle von Abbrüchen. Schließlich wurde 1583 auch die Klosterkirche zugunsten von Gebäuden der

Nossener Pfarrgemeinde freigegeben. Inzwischen waren die wettinischen Grabstätten geschändet worden. Eine weitere Beraubung der Gräber erfolgte 1586. Die Kirche verschwand bis um 1600 mit Ausnahme ihres Westgiebels, dessen Abbruch keinen Gewinn versprach. Erhalten blieb lediglich das Konversenhaus, das mit dem Bibliotheksgeschoss und den Dachböden bereits um 1610 als Schüttgebäude für Korn Verwendung fand.

Fortgeführt wurde lediglich die Tradition des Klosters als landwirtschaftlicher Betrieb. Nach dem Tod des letzten Abtes Andreas Schmiedewald 1545, der seit 1542 die Güter verwaltete, übernahmen mehr oder weniger fähige Pächter die Leitung. Zwischen 1560 und 1580 scheint eine Reorganisation der Bauten erfolgt zu sein. Damals entstanden jedenfalls das Pächterhaus und die Schreiberei. Die den Hof nach Norden begrenzende Mälzerei brannte 1599 ab. Hier war wohl schon vor 1580 ein neuer Pferdestall gebaut worden. Als Vorgängerbauten der heutigen langen Scheune waren schon im 16. Jahrhundert Ställe entstanden. Das heißt, dass der Wirtschaftshof nicht mehr wie im Mittelalter in der Talaue und in der Nähe der Klosterscheunen weitergeführt, sondern westlich und südwestlich des Konversenhauses weitgehend neu angelegt wurde.

Ausgrabungen des 17. Jahrhunderts und die Grabkapelle von 1676 bis 1685

Das Interesse an dem historischen Ort Altzella ist mit dem Abbruch des Klosters nicht vollkommen erloschen. Im 17. Jahrhundert waren es die wettinischen Begräbnisstätten, die aus dynastischem Interesse zu mehr oder weniger spontanen archäologischen Untersuchungen Anlass gaben. Während einer Reise Herzog Ernsts von Sachsen-Weimar 1638 nach Dresden ordnete dieser ohne gründliche Vorbereitungen eine Grabung nach den markgräf-

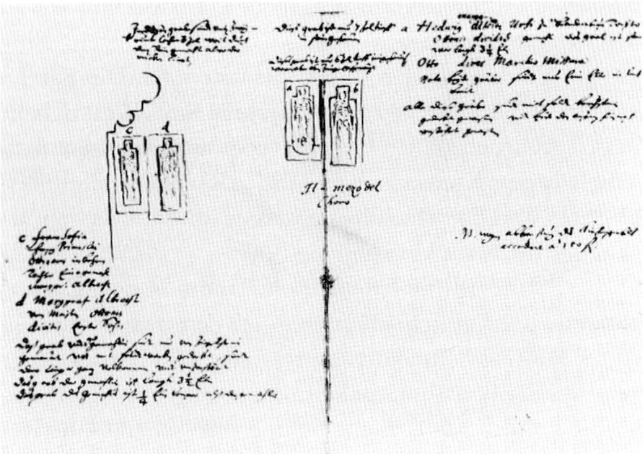

Sanktuarium der Klosterkirche, Grabungsbefunde von 1676. Skizze von Wolf Caspar von Klengel. Landesamt für Denkmalpflege Sachsen

lichen Begräbnissen an. Wir wissen nicht, ob sie zustande gekommen ist. In geordneteren Bahnen verlief eine Ausgrabung, mit der Kurfürst Johann Georg II. seinen Oberlandbaumeister Wolf Caspar von Klengel, den »Reichssekretarius« Anton Weck und den Oberamtmann Hans Adam Stiehl beauftragte. Das Ergebnis dieser Grabung war die Entdeckung der vier Grabplatten im Sanktuarium der ehemaligen Kirche und der darunter erhaltenen Grabstätten. Im Anschluss an die Untersuchung und Neubestattung der Gebeine am alten Ort gab der Kurfürst den Bau einer Grabkapelle in Auftrag. Die Planung der 1677 begonnenen und bis zum Tode Johann Georgs II. 1680 noch nicht vollendeten Grabkapelle geht wohl auf Klengel selbst zurück. Dafür spricht die auf Plänen des 18. Jahrhunderts überlieferte Pilasterarchitektur mit Blendbögen, die in jeder Achse eine Fenstergruppe von einem Rechteck- und Ovalfenster umgeben aufweist. Ein hohes Satteldach schließt den Bau ab. Diese Architektur ähnelt der des von Klengel erbauten Dresdner Komödienhauses. Drei Achsen der seitlichen Architektur und der polygonale Ostschluss des heutigen Mausoleums gehen auf diesen Vorgängerbau zurück. Allerdings wurde die

Johann Gottfried Klinsky und Christian August Günther legen davon Zeugnis ab. Im frühen 19. Jahrhundert folgten die im Sinne der Romantik die Ruinen oft allegorisch steigernden Zeichnungen und Gemälde vom Sommerrefektorium, von den Kellern und von der Abtei von Caspar David Friedrich und Carl Gustav Carus. Den Anstoß für die Beschäftigung auch der kurfürstlichen Behörden mit der Ruinenstätte gaben wohl bürgerliche Gelehrte wie Christian Gottfried Körner.

Ruine des Sommerrefektoriums, »Ruine im Walde«. Gemälde von Caspar David Friedrich, um 1830. München, Staatsgemäldesammlungen, Neue Pinakothek

Mausoleum, West- und Südansicht. Plan von Christian Adolph Franck, 1787. Sächsisches Hauptstaatsarchiv Dresden

Der Bau des Mausoleums

Die Regierung reagierte mit der Entsendung des Oberlandfeldmessers Christian Adolph Franck 1784 zum Ausbau der Grabkapelle Klengels zu einem Mausoleum. Sein erster Plan zur Fertigstellung des Baues wurde 1785 genehmigt, aber erst ein zweiter, nunmehr im Stil des Frühklassizismus gehaltener Plan konnte 1788 ins Werk gesetzt werden. Das in sächsischen Marmorarten ausgeführte Monument im Inneren fertigte der Bildhauer Johann Gottlieb Gäbert aus Wildenfels. 1794 stand der Bau im Wesentlichen fertig da, aber erst 1804 konnte das Innere mit der Übertragung der in der Andreaskapelle ausgegrabenen Gebeine als endgültig fertig gestellt gelten.

Das Mausoleum stellt sich im Äußeren als dorisierende Pilasterarchitektur mit antikisch ausgebildetem Gebälk dar. In der Rückansicht mit ihrem pogygonalem Ostschluss ist die Abhängigkeit des Baus von der Architektur der Klengelzeit noch deutlich zu spüren. Dessen Fensterarchitektur hat Franck aber durchweg geändert. An die Stelle der oberen ovalen Fenster sind kreisrunde getreten. Und das die Fenster umgreifende Blendbogenmotiv ist weggelassen. Wichtig war Franck die westliche Fassade, die

Mausoleum vom Nordosten

er als dorische Tempelfront ausbildete. Der flache Dreiecksgiebel mit bescheidenem Giebelschmuck - Palmenzweige, Lorbeerkranz und Kreuz - bestimmt nun auch die flache Ausbildung des Daches. Da man einen Vorraum schaffen wollte, in dem auch die Treppe zum Dachboden liegt, erweiterte Franck den alten Bau um eine Achse.

Im Inneren erinnert der weite, weiße Saal noch deutlicher an Traditionen des Barock, obwohl die Wandarchitektur mit gestuften ionischen Pilastern doch eine gewisse Strenge suggeriert und die Wirkung des riesigen Monuments aus farbigem Marmor im korinthischen Stil steigert. Auf den schwarzen Marmortafeln an den vier Seiten sind die Namen der in Altzella bestatteten Wettiner verewigt. An die Unendlichkeit erinnert die sich in den

Mausoleum, Innenraum mit der Marmortumba und den mittelalterlichen Grabplatten vom Westen

Schwanz beißende Schlange als Bekrönung des Monuments. In der pantheonartigen Gruft unter dem Monument sind die Gebeine der einst in der Andreaskapelle bestatteten Wettiner aufbewahrt.

Das Mausoleum darf als wichtiges Beispiel des sächsischen Frühklassizismus gelten. Neben gleichzeitigen Werken wie der Dresdner Reithalle (1794/95) von Christian Traugott Weinlig, dem Ausbau der Nikolaikirche in Leipzig (1784-1797) von Johann Friedrich Carl Dauthe und der Neuen Kirche zu Wolkenburg (1794-1804) von Johann August Giesel repräsentiert das Altzeller Mausoleum die Suche des ausgehenden 18. Jahrhunderts nach klassizistischer Strenge, ohne die für Sachsen typische heitere Verbindlichkeit des Barock ganz aufzugeben.

Anlass des Baues war - wie bereits angedeutet - die Auffindung der Gebeine der in der Andreaskapelle bestatteten Wettiner durch die Ausgrabungen des Freiberger Senators und Oberstadtschreibers Johann Friedrich Klotzsch 1786.

Der Landschaftspark

Das Mittelalter trat auch bei den Überlegungen, das neue Mausoleum mit einer würdigen Umgebung zu versehen, ins Bewusstsein. Der erste Gedanke Francks, sein Mausoleum mit einem Kranz von Pyramidenpappeln zu umgeben, entsprach einem Modetrend der Zeit. Die geschmacklichen Einsichten der Herren des Dresdner Geheimen Finanzkollegiums waren offenbar bereits darüber hinausgewachsen. Sie beauftragten den Kunstgärtner

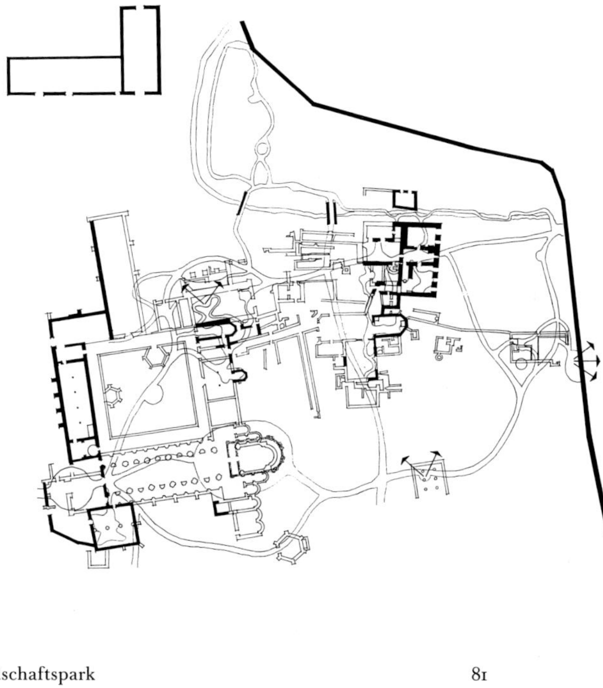

Bauten, Ruinen und ergrabene Bauteile im Bereich des Klosterparkes mit Angabe von dessen originalem Wegessystem. Plan Büro Uwe Gerschler, Freiberg

Kapelle am Kapitelsaal und Grab des Abtes Vinzenz Gruner. Lithographie nach einer Zeichnung von Otto Wagner. Landesamt für Denkmalpflege Sachsen

Johann Gottfried Hübler, den Sohn des den Großen Garten in Dresden betreuenden Gärtners Hübler, 1798, das Klostergelände als »angemessene natürliche Anlage« zu gestalten. Der junge Hübler war gerade »aus fremden Ländern« - wohl aus England - zurückgekehrt. Auf ihn setzte man also die Hoffnung, das Klostergelände unter Berücksichtigung der Gartentheorien Christian Cajus Laurenz Hirschfelds im neuen Sinne zu formen. Dieser sah die Einbeziehung historischer Ruinen in Parkanlagen ausdrücklich vor. Umso bedauerlicher, dass gerade Hübler den endgültigen Abbruch der Westfassade der Kirche veranlasste, weil diese seinen Vorstellungen vom Eintritt in eine Parkanlage im Wege war. Im Übrigen erwachte im Zuge der Vorbereitungen zu seinem Park bei Hübler auch mehr und mehr das Interesse an der mittelalterlichen Anlage selbst. Die Ergebnisse seiner Ausgrabungs- und Abbrucharbeiten hat er beschrieben und auf-

rechte Seite: Betsäule aus der Zeit um 1400 auf einem Hügel im Klosterpark

Auf einem Hügel aufgestellte Säule aus dem Kapitelsaal und Ruine der Abtei

gezeichnet. Allerdings hielt er Abbruch und Ausbruch mittelalterlicher Teile für erforderlich, wenn diese im Ablauf der Wege seines Parks nicht »in Szene« gesetzt werden konnten. Nach einem Jahrzehnt angestrengter Arbeit vor Ort galt die Parkanlage 1809 als vollendet.

Der Klosterpark vermittelt heute trotz aller Eingriffe der letzten 200 Jahre und trotz der grundlegenden Veränderungen des Gehölzbestandes noch immer eine Ahnung von den künstlerischen Absichten des Parkgärtners, denen man sich bei der Lektüre seiner und anderer zeitgenössischer Berichte anvertrauen sollte. Den Eingang bilden die beiden Torsäulen westlich der Vorhalle der Kirche. In dem von einem Rund von Fichten umgebenen Gelände vor den Resten der Westfassade können Kutschen umlenken. Am Südgiebel des Konversenhauses rankt Immergrün empor. Hier ist ein Ort der Sammlung auf das Park-

erlebnis. Das Mausoleum ist dem Blick von hier aus durch ein »Wäldgen« entzogen. Es öffnet sich aber der Blick in ein »Tälchen« im Bereich des ehemaligen Kreuzganges. In der lauschigen Abgeschiedenheit der Mauern der Andreaskapelle wachsen wilde Rosen und Silberpappeln.

Großer Keller in der Nordostecke der Klausur vom Osten, Zustand 1928

Auf den ehemaligen Grabstätten sind Lebensbäume gepflanzt. Man folgt dem nach Süden hin geschwungenen Weg, der seitlich hinter dem Mausoleum mündet, während ein anderer seitlich an dieses heranführt. An dessen Rückseite wird über eine Wiesenfläche hin der Ausblick auf die Betsäule, die auf einem Hügel aufgestellt ist, frei. Folgt man den geschwungenen Wegen durch den östlichen Teil der Anlage, werden immer wieder neue überraschende »malerische« Szenerien erkennbar. Höhepunkte sind der Blick vom Hügel mit der Betsäule auf das Mausoleum und der Blick vom Hügel über dem großen Keller über die Scheunengiebel hinweg ins Muldental. Aber die Wege halten auch kleine Überraschungsmomente bereit: einen von einer Säule aus dem Kapitelsaal bekrönter Hügel in der Nähe der Abtei, freigelegte Gefängniszellen, lauschige Moosbänke in der Tiefe des wieder bewässerten Klostergrabens. Das charakteristischste Stimmungsbild ist wohl das durch eine neugotische Öffnung freigelegte »schauerliche« Kellergewölbe, neben dem eine Treppe mit der »Bildsäule eines Klostergeistlichen« emporführt. Auch das »Erlösungsmotiv« der aus dem tiefen Dunkel des Kellergewölbes hinaufführenden Treppe, die von oben ihr Licht empfängt, hat schon die Zeitgenossen begeistert. Caspar David Friedrich hat die Situation einer Zeichnung für wert gehalten. Das Feingefühl des Gärtners erweist sich darin, dass er den zufällig erhaltenen Resten ihre Stimmungswerte ablauschte, die Ruinen »auf eine natürliche Art befördert«. Seine künstlerische Leistung ist die einer Stimmungskomposition. In immer neuen Variationen wird das Thema der Vergänglichkeit beschworen. Es ist dem Charakter eines Begräbnisplatzes würdig. Aber auch das Gegenthema, die stille, aber lang andauernde Behauptung des Menschenwerks gegenüber der Allmacht der Natur, das, was später Alois Riegel als »Alterswert« der Denkmale proklamiert, ist in der Parklandschaft Altzellas thematisiert.

Forschungen und denkmalpflegerische Bemühungen seit dem 19. Jahrhundert

Seit der Gründung des Königlich Sächsischen Alterthumsvereins 1825 dauern die Bemühungen um die wissenschaftliche Erforschung der Klosteranlage an, im weiteren Verlauf des 19. Jahrhunderts allerdings ohne rechte Erfolge. Die Hüblersche Parkanlage wurde zwar oft kritisiert, doch in Hüblers Geiste führte der Parkgärtner Wilhelm Schmidt die gärtnerische Betreuung weiter und bereicherte die Anlage um einen Rundweg entlang des nördlichen Mühlgrabenabschnitts. Die »Geschichtliche Darstellung« des Klosters aus der Feder von Eduard Beyer von 1855 dagegen zeigt, dass die Geschichtswissenschaft der baugeschichtlichen Forschung inzwischen weit voraus war. In Vorbereitung der Inventarisation der Bau- und Kunstdenkmäler des Königreiches Sachsen veranlasste Cornelius Gurlitt Aufmaße von Bauten und Ruinen, die in seinem »Ergänzungsheft« von 1922 und in dem Heft Meißen/Land von 1923 veröffentlicht sind. Als Fazit eines Besuchs der Anlage durch die Kommission zur Erhaltung der Kunstdenkmäler des Königreiches Sachsen im Jahre 1895 wurde festgehalten, dass es wünschenswert wäre, das Klosterportal durch Tieferlegung des Torweges wieder in seiner Monumentalität zur Wirkung zu bringen. Das seit dem Ende des 17. Jahrhunderts als Kuhstall benutzte Winterrefektorium sollte als Lapidarium des Klosters eingerichtet werden. Die Parkanlage Hüblers wurde verurteilt. Seit 1905 hat man feste Eintrittsgelder in den Park erhoben. Besucher mussten sich beim Gärtner im Süden der Anlage melden und gelangten durch ein Pförtchen bei der Andreaskapelle in die Parkanlage.

Neue Probleme entstanden durch die Übertragung des »Kammergutes« Zella 1945 in die Rechtsträgerschaft des Sortenamtes für Nutzpflanzen Nossen. Dieses wäre damit

Nach originalen Resten rekonstruierte Wendeltreppe in Konversenhaus

auch für den Klosterpark zuständig gewesen. Da die Verwaltung für Kunstangelegenheiten des Landes Sachsen 1952 die Anlage für unbedeutend hielt, wurde sie dem Forstamt Döbeln übertragen, Mausoleum und Ruinen jedoch dem Landkreis Meißen. Entscheidend für die Aufwertung von Altzella wirkte in den Fünfzigerjahren der Leiter des Heimatmuseums Nossen Alfred Berger. Er suchte Unterstützung beim Landesamt für Denkmalpflege und fand sie bei den Landeskonservatoren Walter Bachmann und besonders bei Hans Nadler. Dieser beauftragte den Baurat a. D. Walter Tscheschner 1953 mit Ausgrabungen im Bereich der Ostpartie der Kirche. Im Jahre 1955 betraute Nadler den damaligen Studenten der Kunstgeschichte Heinrich Magirius mit der Betreuung und Auswertung der Grabungen, die bis 1962 unter schwierigen Bedingungen abschnittsweise weitergeführt wurden. Inzwischen war es Alfred Berger gelungen, 1955 das Erdge-

Konversenhaus, Ölberggruppe. Leihgabe der Kirchgemeinde Dresden-Leubnitz

schoss von seiner Nutzung als Kuhstall »freizulenken«. Bis 1957 wurde die Aufschüttung beseitigt und der Raum bis 1964 als Lapidarium eingerichtet. Dabei war als Architekt Hans Eberhard Scholze vom Institut für Denkmalpflege tätig. Der Parkgestaltung nahm sich der Gartenarchitekt Hermann Schüttauf an. Der Bereich der Klosterkirche wurde planiert und ihr Grundriss mit Theumaer Schieferplatten markiert. Da der Park nicht über das Gelände des Landwirtschaftsbetriebes, in späteren Jahres zum Volkseigenen Gut Hirschfeld gehörig, erreicht werden konnte, wurde an der Ostseite ein Pförtchen vom Pietzschbachtal her angelegt und so der Klosterpark erschlossen. 1972 wurden das Obergeschoss und die Böden des Konversenhauses von ihrer Nutzung als Speicherräume frei. Die Stadt Nossen, die nun als Rechtsträger für die Erhaltung des Konversenhauses zuständig war, konnte aber den baulichen Bestand nicht sichern, so dass kurz vor 1989 mit dem Einsturz des Dachstuhls gerechnet werden musste. Die Rettung des Gebäudes durch Sanierung des Dachstuhls und der Decke im Bibliothekssaal erfolgte von 1990 bis 1993. Die Übernahme des gesamten Klostergeländes ins Eigentum des wieder konstituierten Freistaates Sachsen bildet seither die Grundlage für eine geregelte Baupflege durch das Staatliche Hochbau- und Vermögensamt unter laufender Betreuung des Landesamtes für Denkmalpflege. Da das Schloss Nossen und der Klosterpark Altzella der Sächsischen Schlösserverwaltung zugeordnet wurde, obliegt dieser die museale Betreuung. Für das Schloss Nossen und den Klosterpark Altzella ist die Direktorin Ingrid Welzig zuständig. In den letzten zehn Jahren sind die Putzerneuerungen am Konversenhaus, die Rekonstruktion der spätgotischen Wendeltreppe zum Bibliothekssaal, dessen Wiederherstellung, der Einbau einer Fußbodenheizung im Erdgeschoss, Sicherungen an verschiedenen Ruinenteilen, die bauliche Sicherung des Mausoleums und die Aufstellung der vier mittelalterlichen Grabplatten im Mausoleum möglich geworden. Als Restaurator machte sich dabei Andreas Moosdorf, als Architekt Uwe Gerschler verdient. Nach seinem Entwurf wurde von 1996 bis 1999 die ehemalige Schreiberei als Rezeptionsgebäude für die Besucher des Klosters um- und ausgebaut. Seit 1997 werden Eingriffe in den Boden vom Landesamt für Archäologie, Susanne Geck, beobachtet und dokumentiert. Die denkmalpflegerische Betreuung liegt beim Landesamt für Denkmalpflege, von 1958 bis 1999 bei Heinrich Magirius. Nun treten auch die nicht mehr landwirtschaftlich genutzten Teile des Klosters verstärkt ins Blickfeld. Der Aufklärung der Geschichte dieser Bereiche dienen historische und planerische Untersuchungen von Birgit Pätzig, Uwe Gerschler und Mike Huth. Einige Wirtschaftsgebäude wurden 1993 vom Ministerium für Wissenschaft und Kunst an die Batuz-Foundation zur Nutzung gegenwärtiger bildender Künstler aus aller Welt unter Leitung ihres Initiators Batuz übergeben. Andere Gebäude werden vom Staatlichen Hengstdepot in Moritzburg genutzt.

Es wird darauf ankommen, für die planerische Weiterentwicklung des gesamten Geländes übergreifende Maßstäbe zu finden und zu wahren. Sie können nur aus der fast achthundertfünfzigjährigen Geschichte der ehrwürdigen Stätte abgeleitet werden. Denn mit ihr verwaltet der heutige Freistaat Sachsen einen unvergleichlich bedeutsamen historischen Schatz.

Literatur

Ein ausführliches Verzeichnis der Quellen und der älteren Literatur findet sich bei Magirus, Heinrich: Die Baugeschichte des Klosters Altzella. In: Abhandlungen der Sächsischen Akademie der Wissenschaften zu Leipzig. Philologisch-Historische Klasse, Bd. 53, Heft 2, Berlin 1962, S. 203 - 218.

Aus der Fülle der bis 1962 erschienenen Literatur werden deshalb nur einige wichtige Titel genannt:

Berger, Alfred: Altzella - das Kloster der Mark Meißen - ein Wegbereiter deutsch-christlicher Kultur. Nossen 1935.

Beschreibende Darstellung der älteren Bau- und Kunstdenkmäler in Sachsen 41. Amtshauptmannschaft Meißen/Land. Bearb. von Cornelius Gurlitt. Dresden 1923, S. 1-41.

Beyer, Eduard: Das Cistersienser-Stift und Kloster Alt-Zelle in dem Bisthum Meißen. Dresden 1855.

Ergänzungsheft zur Beschreibenden Darstellung der älteren Bau- und Kunstdenkmäler Sachsens. Das Zisterzienser-Kloster Altenzella in Sachsen. Bearb. von Cornelius Gurlitt. Dresden 1922

Knauth, Johann Conrad: Des alten berühmten Stiffts-Closters und Landes-Fürstlichen Conditorii Alten-Zella, an der Freybergischen Mulda ... Geographisch- und Historische Vorstellung. Dresden und Leipzig 1721/1722.

Lippert, Woldemar: Die Fürsten- oder Andreaskapelle im Kloster Altcelle und die neue Begräbniskapelle von 1786. In: Neues Archiv für Sächsische Geschichte 17, 1896, S. 31-74.

Martius, Heinrich: Kloster Altenzelle. Ein Beitrag zur Kunde der Vorzeit. Freiberg 1821.

Nach 1962 erschienene Literatur:

Berger, Alfred; Berger, Gudrun; Magirius, Heinrich: Kloster Altzella. In: Das Christliche Denkmal 60/61., 2. Aufl., Berlin 1967.

Denkmale in Sachsen. Ihre Erhaltung und Pflege in den Bezirken Dresden, Karl-Marx-Stadt, Leipzig und Cottbus. Weimar 1979, S. 408-409 und 468.

Denkmalpflege in Sachsen 1894-1994, 1. Teil, Weimar 1997, S. 555-557.

Geck, Susanne; Westphalen, Thomas: Forschungen zum Zisterzienserkloster Altzella. In: 750 Jahre Kloster Marienstern. Festschrift Halle/Saale 1998, S. 223-230.

Koch, Friedrich: Heimatgeschichtliche Wanderung von Nossen nach Krummhennersdorf. Nossen 1980.

Magirius, Heinrich: Ehemaliges Zisterzienserkloster Altzella. In: Schnell, Kunstführer Nr. 2048, 2. Aufl. 2000, Regensburg
Magirius, Heinrich: Ein jüdischer Grabstein, eingefügt in den gotischen Westgiebel der Zisterzienserkirche in Altzella. In: Argumenta, Articuli, Questiones. Studia z historii sztuki średniowiecznej. Ksiega jubileuszowa dedykowana Marianowi Kutznerowi. Torun 1999, S. 187-192.
Magirius, Daniel: Ein Stein mit hebräischer Inschrift im Kloster Altzella und der Versuch seiner Entzifferung. Daselbst: S. 193-196.
Magirius, Heinrich: Skulpturenfunde des 14. Jahrhunderts im Zisterzienserkloster Altzella. Ergebnisse der Farbuntersuchungen an den in Altzella aufgefundenen Figuren. In: Denkmalpflege in Sachsen. Mitteilungen des Landesamtes für Denkmalpflege in Sachsen. 1996, S. 46 bis 49. Daselbst: Vohland, Peter: Ergebnisse der Farbuntersuchungen an den in Altzella aufgefundenen Figuren, S. 50-52.
Magirius, Heinrich: Vier Stiftergrabplatten des 13. Jahrhunderts im Kloster Altzella. In: Sachsen und Anhalt. Festschrift für Ernst Schubert, Bd. 19, 1997, S. 287-326.
Magirius, Magdalene: Fragmente vom Grab Markgraf Friedrichs des Strengen (gest. 1381) in Altzella. In: Jahrbuch der Staatlichen Schlösser, Burgen und Gärten in Sachsen, Bd. 5, S. 186-194.
Moosdorf, Andreas: Zisterzienserkloster Altzella, Westfront der Kirche, Restaurierung der Ruinenreste. In: Jahrbuch der Staatlichen Schlösser, Burgen und Gärten in Sachsen 1993, S. 181-187.
Schattkowski, Martina: Das Zisterzienserkloster Altzella (1162 bis 1540). In: Studien zur katholischen Bistums- und Klostergeschichte 27, Leipzig 1985.
Seit 1993 jährliche Berichte in den Jahrbüchern der Staatlichen Schlösser, Burgen und Gärten in Sachsen 1993, S. 82-86, 1994, S. 74-79, 1995, S. 85-91, Bd. 4, S. 63-66, Bd. 5, S. 59-63.

Unveröffentlichte Manuskripte:
Finger, Birgit: Denkmalpflegerische Zielstellung für die Gebäude des ehemaligen Kammergutes Altzella. Praktikumsarbeit o. J. Ms. im LfD.
Gerschler, Uwe: kloster altzella, nossen, denkmalpflegerische Rahmenstellung. Ms. Freiberg 1995, Ms. im LfD.
Huth, Mike: Archivalisch-historische Untersuchung zur Bau- und Nutzungsgeschichte der aufrecht stehenden Bauten in Altzella. 1998/99. Ms. im LfD
Pätzig, Birgit: Kloster Altzella. Denkmalpflegerische Zielstellung 1993. Ms. im LfD.

Bundesland
Sachsen-Anhalt
14
Torgau
Leipzig
Riesa
12
15
16
17
18
Meißen
13
14
Freiberg
21
4
Meerane
Chemnitz
Crimmitschau
Glauchau
20
Freistaat
Thüringen
Zwickau
19
Aue
Plauen
72
Freistaat
Bayern

Bundesland
Brandenburg

Republik
Polen

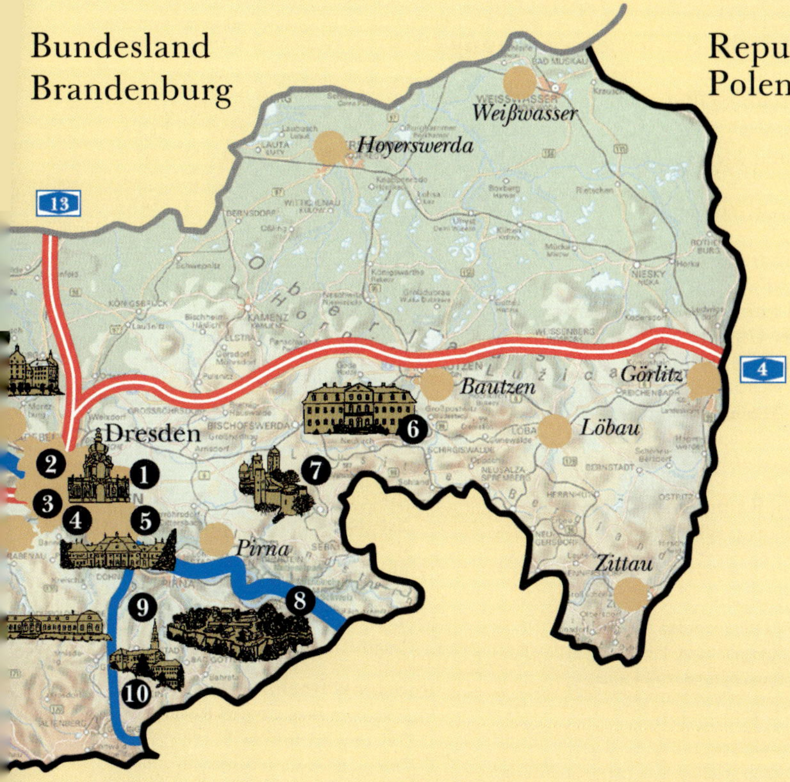

Tschechische Republik

Freistaat Sachsen

Sächsische Schlösserverwaltung
im Landesamt für Finanzen
Stauffenbergallee 2, 01099 Dresden
Telefon (03 51) 8 27 46 32, Fax (03 51) 8 27 46 02
Internet: www.sachsen.de/schloesser

Postanschriften:

1 Dresdner Zwinger
2 Stallhof
3 Brühlsche Terrasse/Kasematten
4 Großer Garten
5 Schlosspark Pillnitz
Staatliche Schlösser und Gärten Dresden
Schloss Pillnitz
Fliederhof/Kapellenflügel, 01326 Dresden
Tel. (03 51) 2 61 32 60, Fax (03 51) 2 61 32 61

6 Schloss Rammenau
Am Schloss 4, 01877 Rammenau
Tel. (0 35 94) 70 35 59, Fax (0 35 94) 70 59 83

7 Burg Stolpen
Schlossstraße 10, 01833 Stolpen
Tel. (03 59 73) 2 34 10, Fax (03 59 73) 2 34 19
Internet: www.burg-stolpen.de

8 Festung Königstein
01824 Königstein
Tel. (03 50 21) 6 46 07, Fax (03 50 21) 6 46 09
Internet: www.festung-koenigstein.de

9 Barockgarten Großsedlitz
Parkstraße 85, 01809 Heidenau
Tel. (0 35 29) 5 63 90, Fax (0 35 29) 56 39 99

10 Schloss Weesenstein
Am Schlossberg 1, 01809 Müglitztal
Tel. (03 50 27) 54 36, Fax (03 50 27) 55 52
Internet: www.schloss-weesenstein.de

11 Schloss Moritzburg
01468 Moritzburg
Tel. (03 52 07) 87 30, Fax (03 52 07) 8 73 11

12 Albrechtsburg Meissen
Domplatz 1, 01662 Meißen
Tel. (0 35 21) 4 70 70, Fax (0 35 21) 47 07 11
Internet: www.albrechtsburg-meissen.de

13 Schloss Nossen
14 Klosterpark Altzella
01683 Nossen
Tel. (03 52 42) 5 04 30, Fax (03 52 42) 5 04 33

15 Burg Mildenstein
Burglehn 6, 04703 Leisnig
Tel. (03 43 21) 1 26 52, Fax (03 43 21) 5 15 37

16 Burg Gnandstein
04655 Gnandstein
Tel. (03 43 44) 6 13 09, Fax (03 43 44) 6 13 83

17 Burg Kriebstein
09648 Kriebstein
Tel. (03 43 27) 95 20, Fax (03 43 27) 9 52 22
Internet: www.burg-kriebstein.de

18 Schloss Rochlitz
Sörnziger Weg 1, 09306 Rochlitz
Tel. (0 37 37) 49 23 10, Fax (0 37 37) 49 23 12
Internet: www.schloss-rochlitz.de

19 Burg Scharfenstein
Schlossberg 1, 09435 Scharfenstein
Tel. (0 37 25) 7 07 20, Fax (0 37 25) 70 72 50
Internet: www.augustusburg-schloss.de

20 Schloss Augustusburg
09573 Augustusburg
Tel. (03 72 91) 38 00, Fax (03 72 91) 2 05 91
Internet: www.augustusburg-schloss.de

21 Schloss und Park Lichtenwalde
Schlossallee 1, 09577 Lichtenwalde
Tel. (03 72 06) 8 13 80, Fax (03 72 06) 7 38 97
Internet: www.augustusburg-schloss.de